Mathefreunde 1

Erarbeitet von

Jana Elsner

Ursula Kluge

Nancy Kunkis

Grit Kurtzmann

Jana Richter

Birgit Schlabitz

Carmen Sobek

Cornelsen

INHALT

Was wir schon können

Zahlen und Formen
in unserer Umwelt 4
Orientierung 6

Die Zahlen bis 6

Zählen 8
Die Zahlen 1 und 2.................... 10
Die Zahl 3 12
Die Zahl 4 13
Die Zahl 5 14
Die Zahl 6 15
Vergleichen der Zahlen von 1 bis 6... 16
Zerlegen der Zahlen von 1 bis 6 18
Addieren bis 6 20
Addieren bis 6 – Übungen............ 22
Tauschaufgaben 23
Subtrahieren bis 6 24
Subtrahieren bis 6 – Übungen 26
Umkehraufgaben................... 27
Addieren und Subtrahieren bis 6 28
Die Zahl 0 30

Bist du fit? 32
Mit Zahlen spielen 33

Die Zahlen bis 10

Die Zahl 7 34
Die Zahl 8 35
Die Zahl 9 36
Die Zahl 10 37
Vergleichen der Zahlen
von 0 bis 10 38
Zerlegen der Zahlen
von 1 bis 10 39
Orientieren im Zahlenraum bis 10 40
Vorgänger und Nachfolger 41
Der Zahlenstrahl................... 42
Ordnungszahlen................... 44
Addieren bis 10 46
Tauschaufgaben................... 48

Addieren bis 10 – Übungen 49
Subtrahieren bis 10.................... 50
Umkehraufgaben................... 52
Subtrahieren bis 10 – Übungen 53
Addieren und Subtrahieren bis 10 54
Gleichungen und Ungleichungen 55
Aufgabenfamilien 56
Sachaufgaben –
Rechengeschichten finden 57

Bist du fit? 58
Mit Zahlen spielen 59

Geld

Geldwerte von 1 Cent bis 10 Cent ... 60
Geldwerte von 1 Euro bis 10 Euro..... 62

Körper

Würfel, Quader, Kugel 64
Bauen mit Würfeln 65
Raumvorstellung.................... 66

Bist du fit? 68
Körper in deiner Umwelt 69

Die Zahlen bis 20

Die Zahlen von 11 bis 20 70
Zehner und Einer.................... 72
Orientieren in der Zwanzigertafel...... 73
Vergleichen und Ordnen
der Zahlen bis 20.................... 74
Vorgänger und Nachfolger 75
Gerade und ungerade Zahlen 76
Addieren ohne Zehnerübergang........ 77
Tauschaufgaben.................... 78
Addieren ohne Zehnerübergang –
Übungen.................... 79
Subtrahieren ohne Zehnerübergang.. 80
Umkehraufgaben.................... 81
Addieren und Subtrahieren
ohne Zehnerübergang 82

Verdoppeln 84
Halbieren....................................... 85
Sachaufgaben –
Gleichungen zuordnen..................... 86
Sachaufgaben –
Fragen beantworten......................... 87

Bist du fit? 88
Zahlen in deiner Umwelt.................. 89

Geld

Geldwerte bis 20 Euro 90

Ebene Figuren

Dreieck, Viereck, Kreis 92
Figuren legen 94
Falten 96
Geobrett.. 97

Bist du fit? 98
Muster und Strukturen 99

**Addieren und
Subtrahieren bis 20**

Ergänzen zur 10.............................. 100
Addieren mit 10.............................. 101
Addieren mit Zehnerübergang........... 102
Subtrahieren mit
Zehnerübergang.............................. 104
Addieren und Subtrahieren
mit Zehnerübergang 106
Gleichungen und Ungleichungen 108
Zahlenfolgen und Muster 110
Kombinieren 111

Bist du fit? 112
1 + 1 und 1 – 1 schnell gemerkt......... 113

Längen

Schätzen und messen 114
Zentimeter..................................... 115

Linien, Geraden und Strecken

Gekrümmte und gerade Linien 116
Geraden und Punkte 117
Strecken.. 118

Bist du fit? 120
Mathematik und Kunst.................... 121

Zeit

Uhrzeit.. 122

Die Zahlen bis 100

Die Zehnerzahlen bis 100 124
Vergleichen und Ordnen
von Zehnerzahlen............................ 126
Rechnen mit Zehnerzahlen 127
Alle Zahlen bis 100 128
Die Hundertertafel 129

**Daten, Häufigkeit und
Wahrscheinlichkeit**

Sammeln und Lesen von Daten......... 130
Wahrscheinlichkeit 133

Bist du fit? 134
Meine Klasse in Zahlen.................... 135

Projektseiten

Zahlen überall................................ 136
Mathematik zum Staunen
und Spielen 138
Mathematik zum Knobeln................ 140

Merkwissen 142

Zahlen und Formen in unserer Umwelt

Bildinhalt erschließen, Zahlen erkennen und nennen, Lage von Dingen beschreiben,
Formen erkennen und benennen

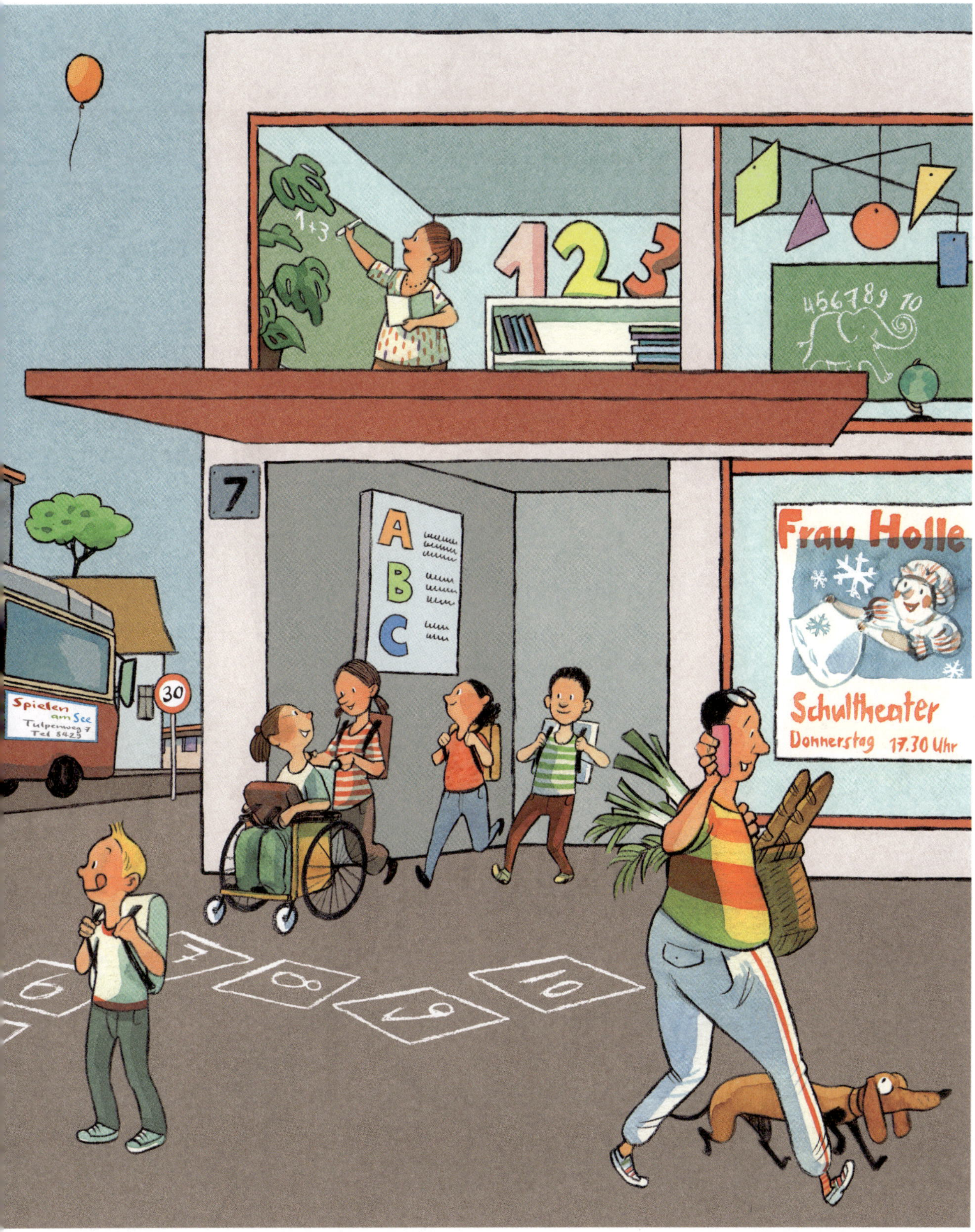
1+3
1 2 3
4 5 6 7 8 9 10
7
A
B
C
Frau Holle
Schultheater
Donnerstag 17.30 Uhr
Spielen am See
Tulpenweg 7
Tel 8425
30

Orientierung

1

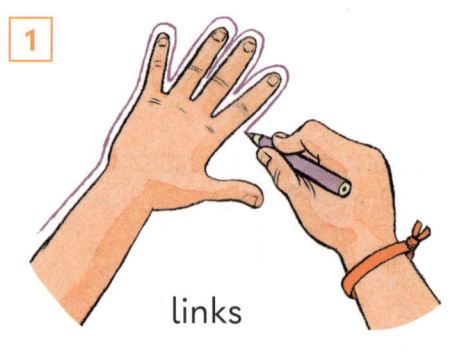

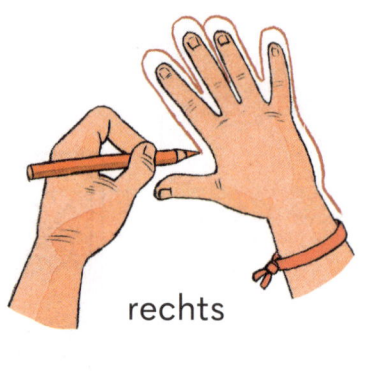

links   rechts

2 Mach mit.

links   rechts   oben   unten

… und zurück.

3

Amir   Anna

1: Links/rechts am eigenen Körper erkennen, Hände farbig umfahren (rechte Hand rot, linke Hand lila)
2: Bewegungen zum eigenen Körperschema: unten/oben klatschen, rechts/links schnipsen
3: Perspektivwechsel einbeziehen (fremdes Körperschema)

6

AH S. 2
ÜH S. 2

1

2

3

1 und 3: Lage der Dinge benennen: oben, unten, neben, unter, über, rechts (von), links (von), neben, zwischen, Mitte

2: Plättchen (Beilage) nach Beschreibung legen

Zählen

Gegenstände im Bild zählen: Anzahlen von 1 bis 10 mit Plättchen im Zehnerfeld (Beilage),
mit Legematerial und als Strichlisten darstellen, analog oder digital

AH S. 3
ÜH S. 3

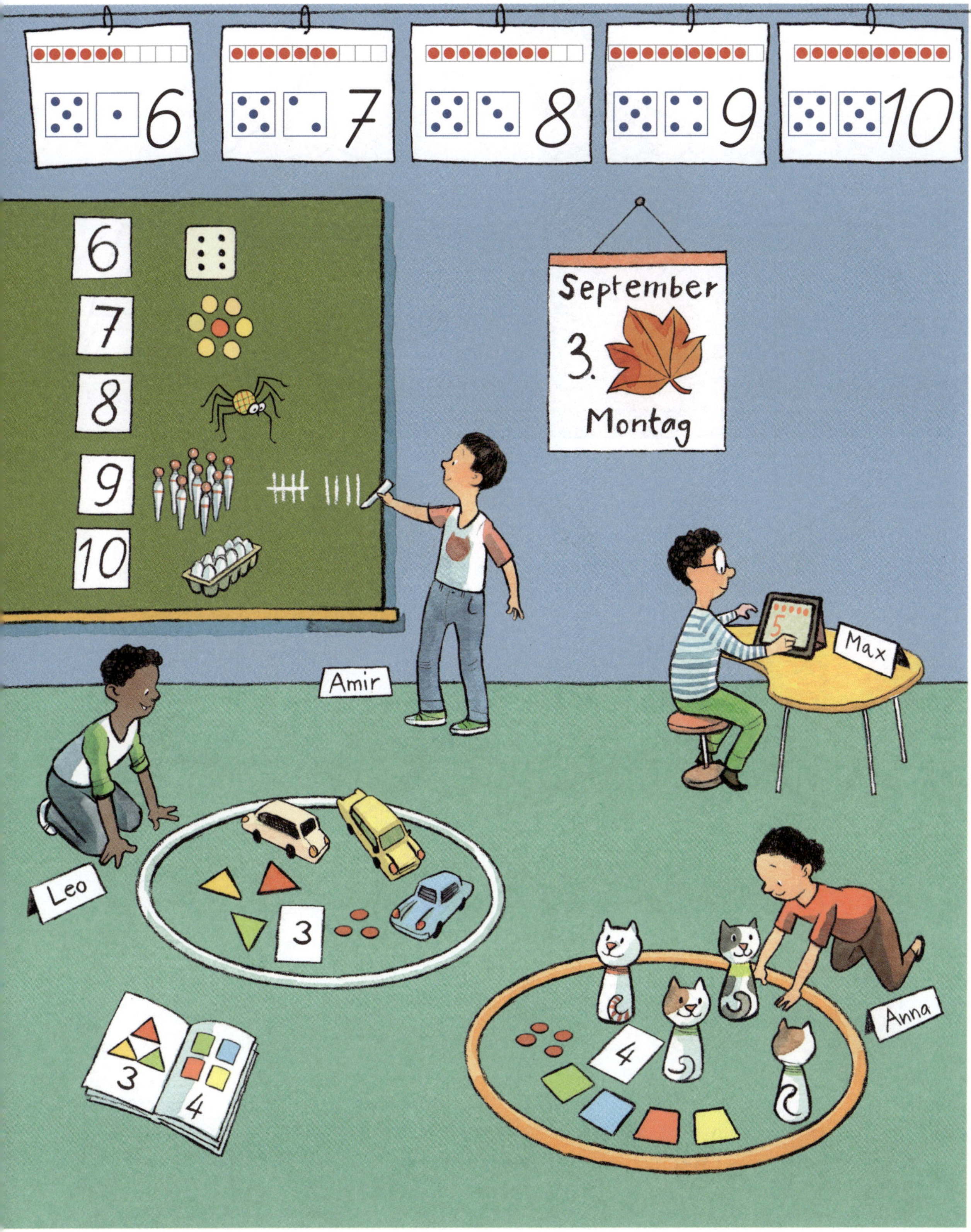

6 7 8 9 10

September
3.
Montag

Amir

Max

Leo

3

Anna

4

3
4

Die Zahlen 1 und 2

1

2

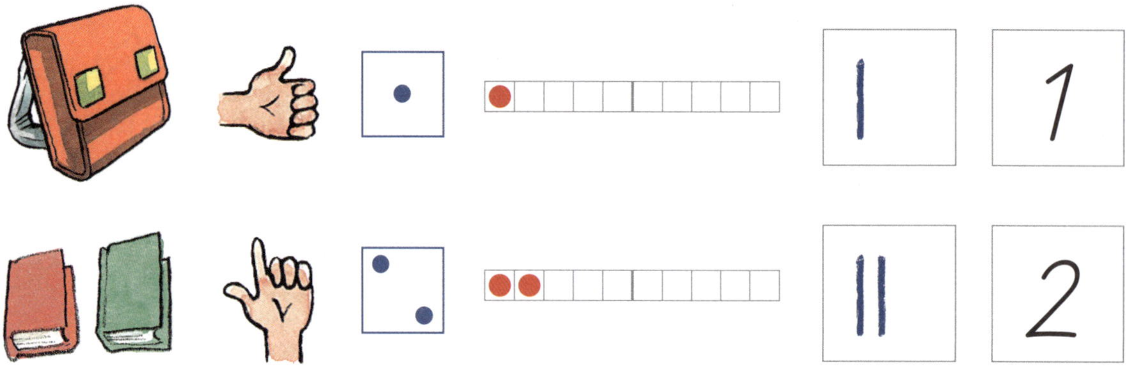

1: Zum Bild erzählen: Lage der Dinge beschreiben, Oberbegriffe finden, Anzahlen ermitteln und mit
Plättchen (Beilage) legen; Zahlen 1 und 2 (Ziffern 1 und 2) erarbeiten und schreiben   2: Zahlen 1 und 2
verschieden darstellen, auch Gegenstände aus dem Klassenzimmer nutzen; KV 1 und 2 (HRU) nutzen

AH S. 4
ÜH S. 4

1

Anna

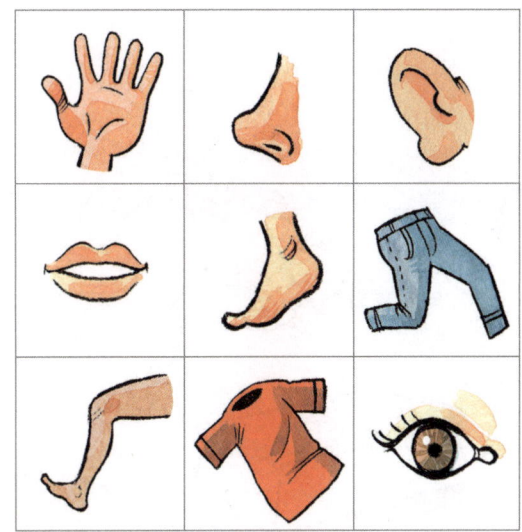

2

3

4

Wie geht es weiter?

1: Anzahlen der Körperteile bestimmen, Bildausschnitte mit der entsprechenden Anzahl Plättchen
(Beilage) belegen und Anzahl nennen
2 und 3: Anzahlen mit Plättchen legen   4: Muster nachlegen und weiterlegen

AH S. 4
ÜH S. 4   11

Die Zahl 3

1

2

  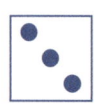

3

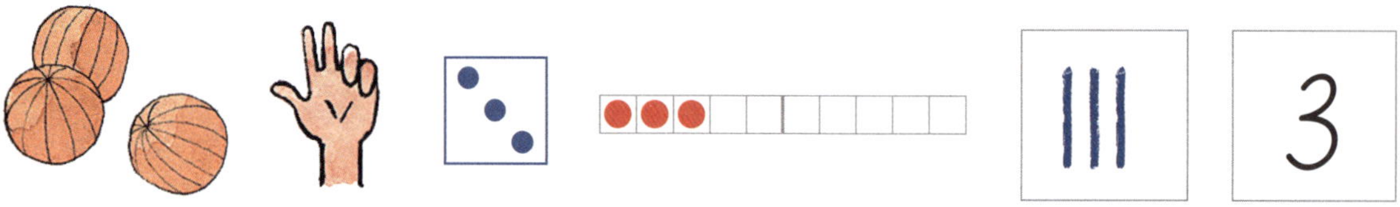

1: Zum Bild erzählen, Zahl 3 (Ziffer 3) erarbeiten; Anzahlen im Bild feststellen und mit Plättchen
(Beilage) legen   2: Anzahlen der Fingerbilder mit Plättchen legen
3: Zahl 3 verschieden darstellen; KV 3 (HRU) nutzen

AH S. 5
ÜH S. 5

Die Zahl 4

1

2

Wie geht es weiter?

3

 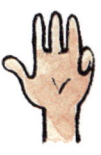    

1: Zum Bild erzählen, Zahl 4 (Ziffer 4) erarbeiten, Anzahlen im Bild bestimmen und mit Plättchen
(Beilage) legen   2: Muster nach- und weiterlegen
3: Zahl 4 verschieden darstellen; KV 4 (HRU) nutzen

AH S. 5
ÜH S. 5   13

Die Zahl 5

1

2

   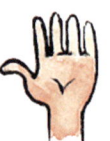  

 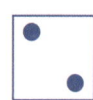 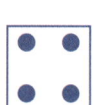

3

  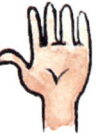  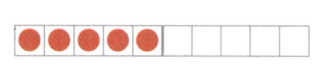  

1: Zum Bild erzählen, Erarbeitung der Zahl 5 (Ziffer 5), Anzahlen im Bild bestimmen und mit Plättchen
legen oder Zahlen schreiben   3: Zahl 5 verschieden darstellen, Besonderheit des fünften Strichs in der
Strichliste thematisieren; KV 5 (HRU) nutzen

AH S. 6
ÜH S. 6

Die Zahl 6

1

2

3

  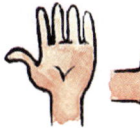  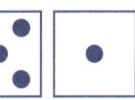   

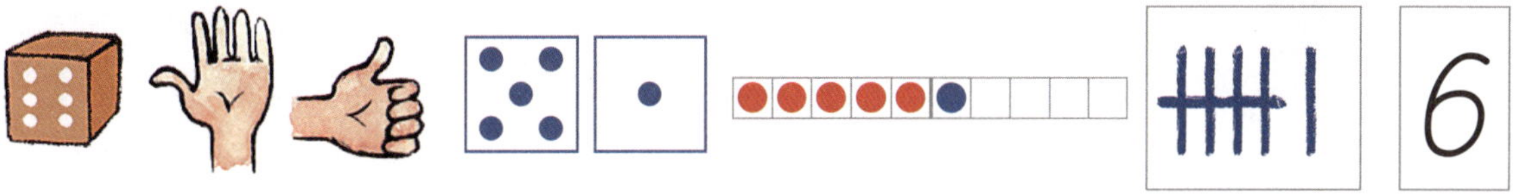

1: Zum Bild erzählen, Zahl 6 (Ziffer 6) erarbeiten, Anzahlen der Formen in den Figuren bestimmen, eigene Bilder mit ebenen Figuren (Beilage) oder anderen Medien (z. B. Zeitschriften) gestalten und ausstellen   3: Zahl 6 verschieden darstellen, dabei die Struktur der 5 nutzen; KV 6 (HRU) nutzen

AH S. 6
ÜH S. 6   15

Vergleichen der Zahlen von 1 bis 6

1

6   **>**   3   2   **<**   ☐

6 ist größer als 3   2 ist kleiner als ☐

2

3

4

Mengen durch Nachbauen und Legen vergleichen; Sprechweise „mehr als" und „weniger als" beim
Vergleichen von Mengen erläutern; Sprechweise „größer als" und „kleiner als" beim Vergleichen von
Zahlen benutzen; Hinweis geben: Spitze des Relationszeichens zeigt zur kleineren Zahl

AH S. 7
ÜH S. 7

1

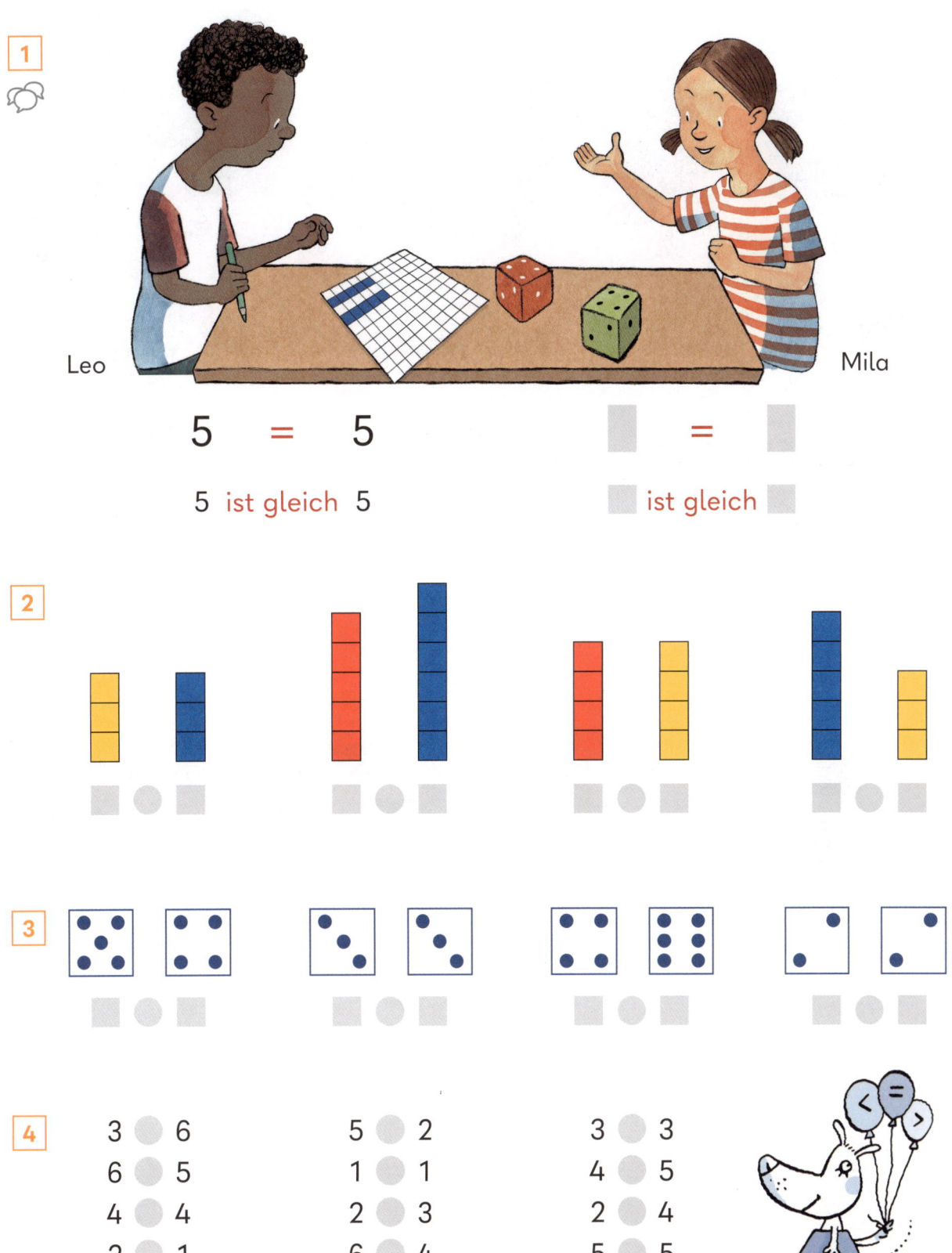

Leo   Mila

$5 = 5$ ⬜ $=$ ⬜

5 ist gleich 5   ⬜ ist gleich ⬜

2

⬜ ⬤ ⬜   ⬜ ⬤ ⬜   ⬜ ⬤ ⬜   ⬜ ⬤ ⬜

3

⬜ ⬤ ⬜   ⬜ ⬤ ⬜   ⬜ ⬤ ⬜   ⬜ ⬤ ⬜

4

3 ⬤ 6	5 ⬤ 2	3 ⬤ 3
6 ⬤ 5	1 ⬤ 1	4 ⬤ 5
4 ⬤ 4	2 ⬤ 3	2 ⬤ 4
2 ⬤ 1	6 ⬤ 4	5 ⬤ 5

1: Situation nachspielen; die Sprechweise „ist gleich" beim Gleichheitszeichen zwischen Zahlen
verwenden; die Sprechweise „ist gleich viel" beim Vergleichen von Mengen verwenden
2 bis 4: Vergleichen der Zahlen durch Legen von Plättchen (Beilage) oder Würfeln unterstützen

AH S. 7
ÜH S. 7   17

Zerlegen der Zahlen von 1 bis 6

1

2

3

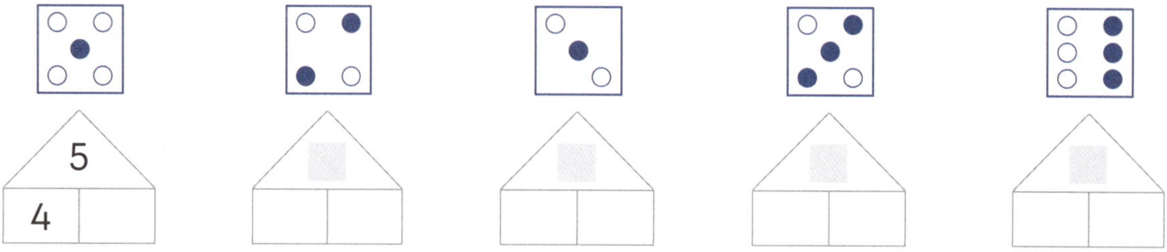

5	
4	

1: Beim Beschreiben der Bilder die Zerlegung der Mengen durch unterschiedliche Lage, Farben und Formen erkennen   2 und 3: Zerlegung der Mengen erkennen und durch Legen von Legematerial oder Plättchen (Beilage) nachvollziehen

18

AH S. 8
ÜH S. 8

1

Es gibt kein blaues Plättchen.

Lisa   Klara

2

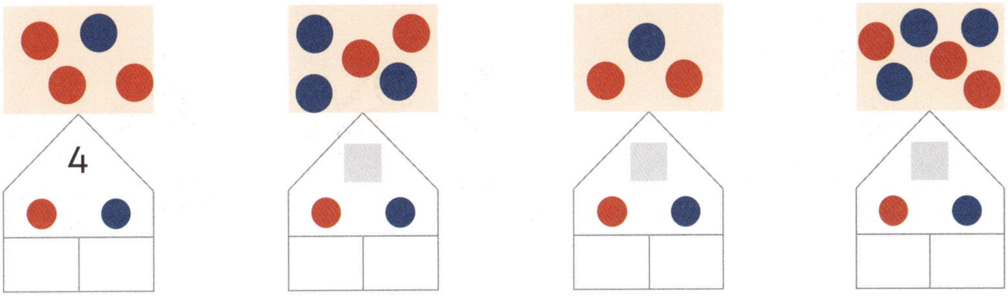

4

3

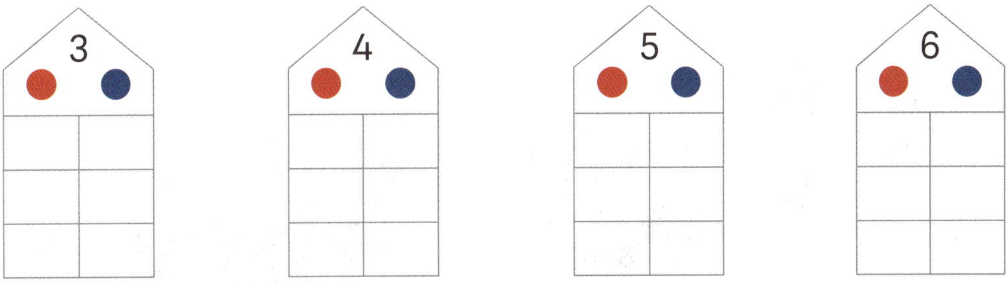 3	4	5	6

4

4	5	6
3		

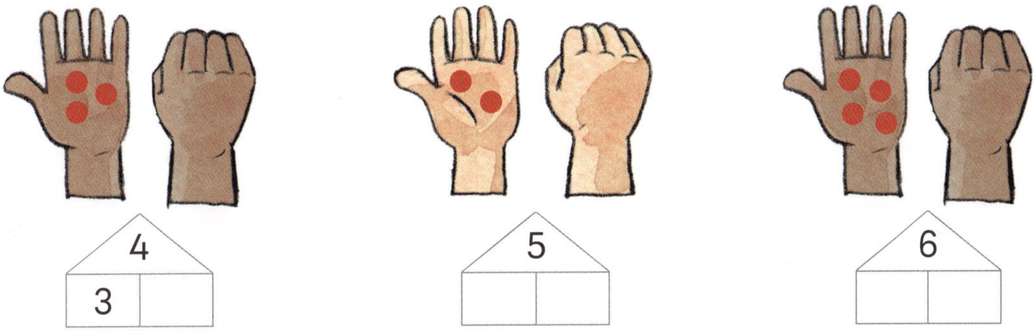

2: Zerlegung der Mengen erkennen oder durch Legen von Plättchen (Beilage) nachvollziehen
3: Durch Legen von Plättchen mögliche Zahlzerlegungen finden

AH S. 8
ÜH S. 8   19

Addieren bis 6

1

3	+	2	=	
3	plus	2	ist gleich	

2

	+		=	

3

☐ + ☐ = ☐   ☐ + ☐ = ☐

4

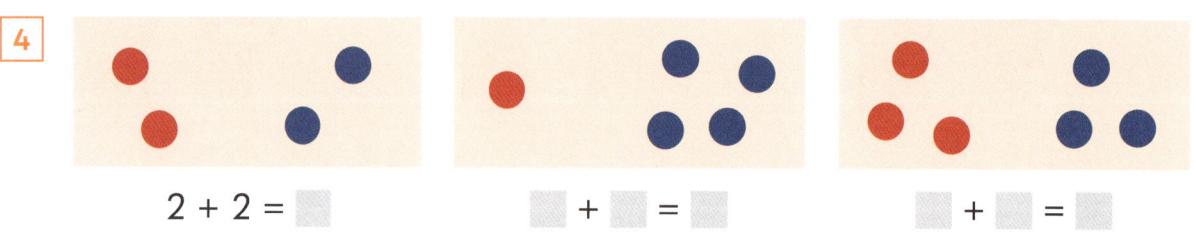

2 + 2 = ☐   ☐ + ☐ = ☐   ☐ + ☐ = ☐

1 bis 3: Bilder beschreiben und Addition durch Nachstellen der Situation erarbeiten
4: Mit Plättchen (Beilage) arbeiten

1

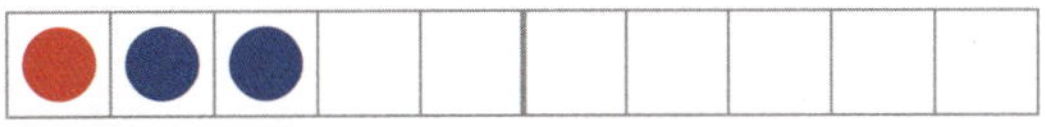

$1 + 2 = \boxed{}$

Schreibe in dein Heft.

$1 + 2 = 3$

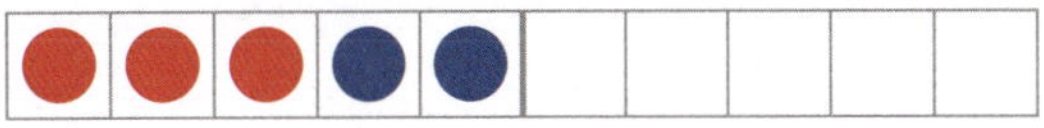

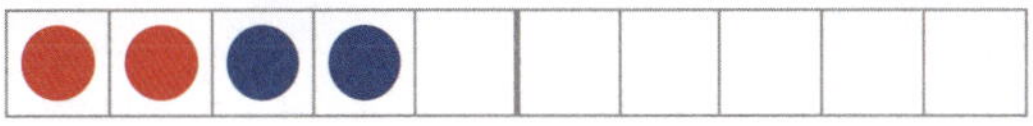

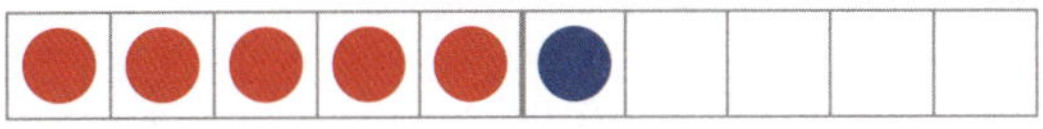

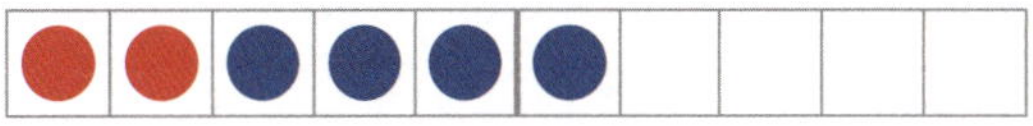

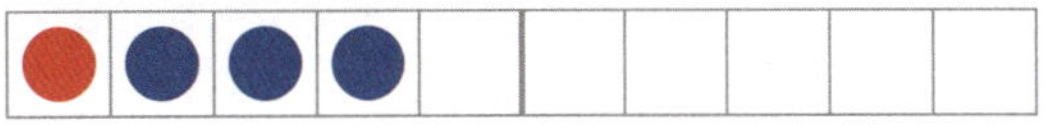

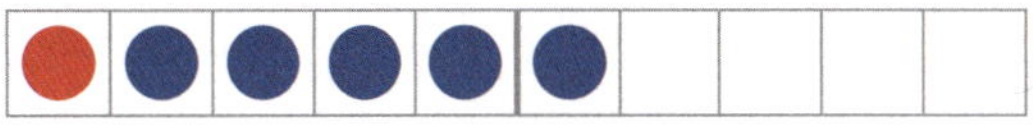

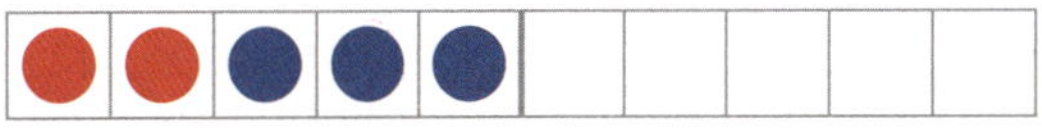

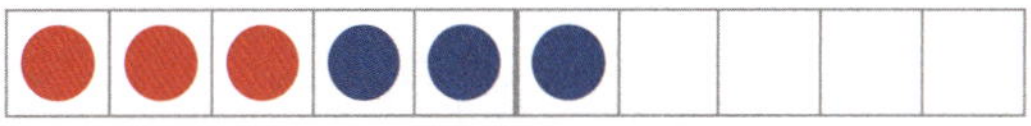

$\boxed{} + \boxed{} = \boxed{}$

$\boxed{} + \boxed{} = \boxed{}$

$\boxed{} + \boxed{} = \boxed{}$

$\boxed{} + \boxed{} = \boxed{}$

$\boxed{} + \boxed{} = \boxed{}$

$\boxed{} + \boxed{} = \boxed{}$

$\boxed{} + \boxed{} = \boxed{}$

$\boxed{} + \boxed{} = \boxed{}$

$\boxed{} + \boxed{} = \boxed{}$

2

$4 + 2 = \boxed{}$

$\boxed{} + \boxed{} = \boxed{}$

$\boxed{} + \boxed{} = \boxed{}$

3 Lege eigene Aufgaben.

4

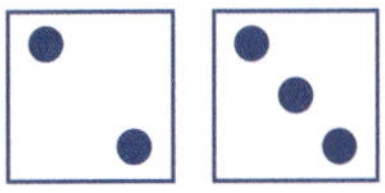

$2 + 3 = \boxed{}$

$\boxed{} + \boxed{} = \boxed{}$

$\boxed{} + \boxed{} = \boxed{}$

$\boxed{} + \boxed{} = \boxed{}$

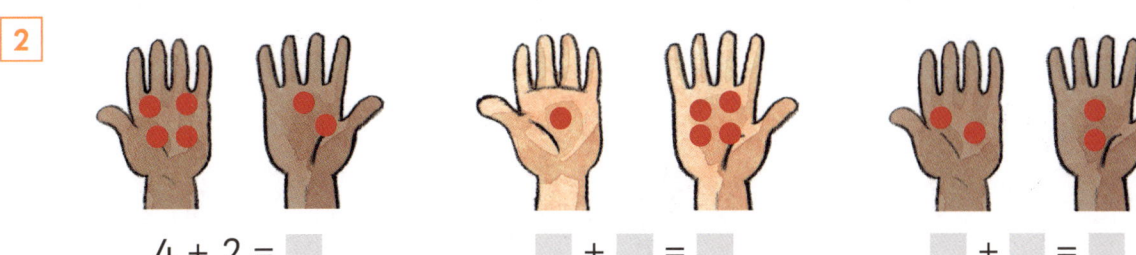

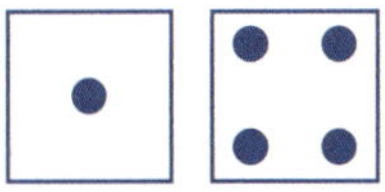

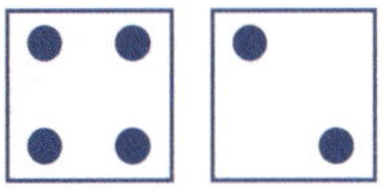

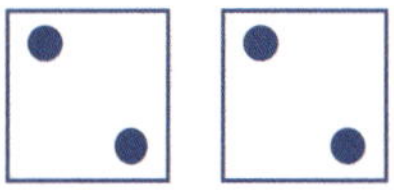

1: Aufgaben mit Plättchen (Beilage) legen   2: Hände und Plättchen zur Darstellung von Aufgaben nutzen
3: Weitere Aufgaben auf eigenem Niveau finden (Regenbogenaufgabe)
4: Aufgaben bei Bedarf mit Würfeln oder Plättchen nachlegen

Addieren bis 6 – Übungen

1 Lege und rechne.

2 + 3 = ⬜

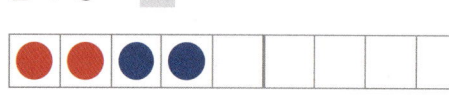

Amir

4 + 1 = ⬜   2 + 2 = ⬜   2 + 4 = ⬜   4 + 2 = ⬜

3 + 2 = ⬜   1 + 5 = ⬜   1 + 3 = ⬜   3 + 3 = ⬜

2 Lege und rechne.

1 + 2 = ⬜   1 + 2 = ⬜

1 + 3 = ⬜   2 + 2 = ⬜

1 + 4 = ⬜   3 + 2 = ⬜

1 + 5 = ⬜   4 + 2 = ⬜

Das kann ich schnell legen.

3

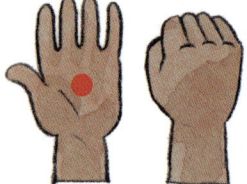   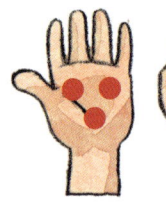   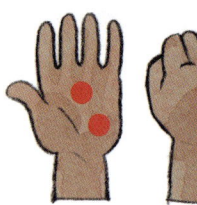

1 + ⬜ = 2   3 + ⬜ = 6   2 + ⬜ = 6

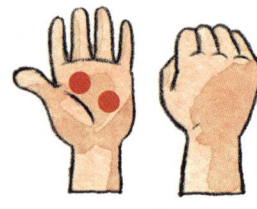   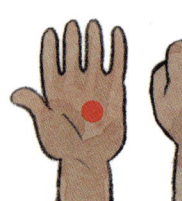   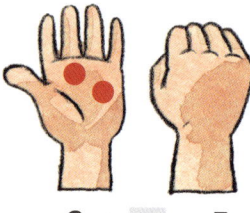

2 + ⬜ = 4   1 + ⬜ = 6   2 + ⬜ = 5

4

2 + ⬜ = 3   4 + ⬜ = 6   1 + ⬜ = 3   5 + ⬜ = 6

3 + ⬜ = 5   2 + ⬜ = 5   1 + ⬜ = 4   4 + ⬜ = 6

3 + ⬜ = 6   3 + ⬜ = 4   1 + ⬜ = 5   3 + ⬜ = 6

2 + ⬜ = 4   4 + ⬜ = 5   1 + ⬜ = 6   2 + ⬜ = 6

Aufgaben im Zehnerfeld mit Plättchen (Beilage) legen
2: Dazulegen eines Plättchens als Lösungsmöglichkeit erkennen
3 und 4: Beim Ermitteln des 2. Summanden Plättchen als Hilfe nutzen

AH S. 10
ÜH S. 10

Tauschaufgaben

1

Lisa   Ben

2 + 3

3 + 2

2 + 3 = ☐
3 + 2 = ☐

2

🔴🔵🔵🔵 ☐☐☐☐   1 + 3 = ☐

🔵🔵🔵🔴 ☐☐☐☐   3 + 1 = ☐

🔴🔴🔵🔵🔵🔵 ☐☐☐☐   ☐ + ☐ = ☐

🔵🔵🔵🔵🔴🔴 ☐☐☐☐   ☐ + ☐ = ☐

🔴🔴🔴🔴🔴🔵 ☐☐☐☐   ☐ + ☐ = ☐

🔵🔴🔴🔴🔴🔴 ☐☐☐☐   ☐ + ☐ = ☐

Tauschaufgaben haben das gleiche Ergebnis.

3 Lege und rechne.

1 + 2 = ☐	4 + 2 = ☐	5 + 1 = ☐
☐ + ☐ = ☐	☐ + ☐ = ☐	☐ + ☐ = ☐

1 + 2 = 3
2 + 1 = 3

2 + 3 = ☐	1 + 4 = ☐	1 + 3 = ☐
☐ + ☐ = ☐	☐ + ☐ = ☐	☐ + ☐ = ☐

1: Bild beschreiben; Gesetzmäßigkeit, dass Tauschaufgaben immer die gleiche Summe haben, handelnd erarbeiten
2 und 3: Tauschaufgaben finden und Summen vergleichen

AH S. 10
ÜH S. 10   23

Subtrahieren bis 6

1

5   –   2   =   ▢

5   minus   2   ist gleich   ▢

2

▢   –   ▢   =   ▢

3

▢ – ▢ = ▢   ▢ – ▢ = ▢

4

▢ – ▢ = ▢   ▢ – ▢ = ▢   ▢ – ▢ = ▢

1

$$6 - 2 = \boxed{}$$

Ich nehme weg.

Max

Ich streiche durch.

Amir

$$3 - 1 = \boxed{}$$

Mila

Lisa

2

$$5 - 3 = \boxed{}$$

$$5 - 3 = 2$$

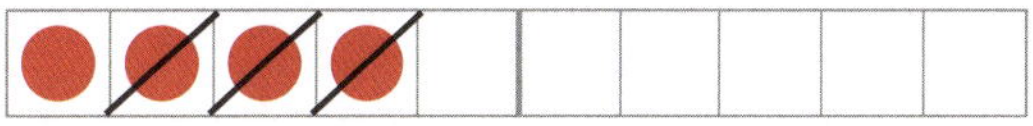

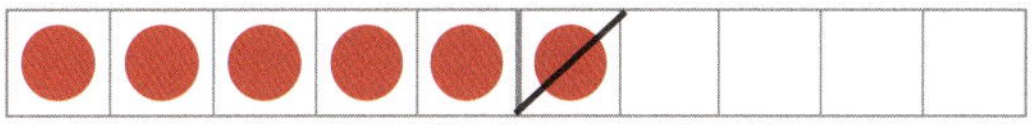

$$\boxed{} - \boxed{} = \boxed{}$$

$$\boxed{} - \boxed{} = \boxed{}$$

$$\boxed{} - \boxed{} = \boxed{}$$

$$\boxed{} - \boxed{} = \boxed{}$$

3 Lege und rechne.

$$4 - 1 = \boxed{} \qquad 6 - 2 = \boxed{} \qquad 5 - 1 = \boxed{} \qquad 6 - 4 = \boxed{}$$

$$3 - 2 = \boxed{} \qquad 5 - 2 = \boxed{} \qquad 6 - 3 = \boxed{} \qquad 4 - 3 = \boxed{}$$

$$6 - 1 = \boxed{} \qquad 4 - 2 = \boxed{} \qquad 5 - 4 = \boxed{} \qquad 6 - 5 = \boxed{}$$

1 und 2: Durch Wegnehmen von Plättchen (Beilage) oder durch Streichen Subtraktionsaufgaben
anschaulich lösen   3: Plättchen bei Bedarf als Hilfe nutzen

Subtrahieren bis 6 – Übungen

1

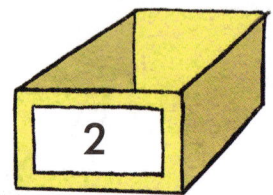 **2** 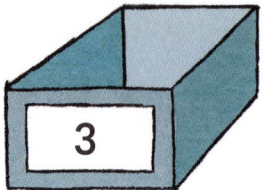 **3** 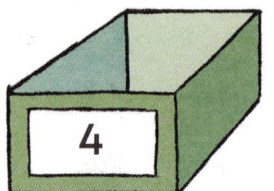 **4** 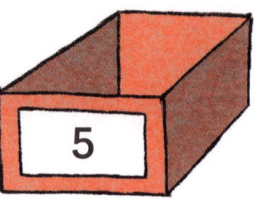 **5**

| 4 – 2 | 6 – 1 | 5 – 2 | 6 – 4 |

| 5 – 3 | 6 – 2 | 5 – 1 |

2 Richtig r oder falsch f ?

5 – 2 = 3 ○	4 – 3 = 1 ○	5 – 1 = 4 ○	6 – 4 = 1 ○
4 – 1 = 3 ○	6 – 2 = 3 ○	3 – 1 = 2 ○	4 – 3 = 1 ○
3 – 2 = 2 ○	5 – 3 = 2 ○	6 – 2 = 2 ○	5 – 3 = 3 ○
6 – 1 = 5 ○	4 – 2 = 1 ○	5 – 4 = 2 ○	6 – 5 = 2 ○

3 Lege und rechne.

6 – 2 =	3 – 2 =
6 – 3 =	4 – 2 =
6 – 4 =	5 – 2 =
6 – 5 =	6 – 2 =

Das kann ich schnell legen.

4

 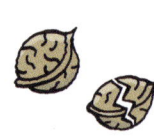

| 5 – ▢ = 1 |
| 6 – ▢ = 2 |
| 4 – ▢ = 1 |
| 6 – ▢ = 1 |

| 6 – ▢ = 3 |
| 5 – ▢ = 4 |
| 3 – ▢ = 2 |
| 5 – ▢ = 2 |

1: Aufgaben lösen und in die entsprechenden Kisten sortieren   2: Falsche Ergebnisse korrigieren
3: Dazulegen bzw. Wegnehmen eines Plättchens als Lösungsmöglichkeit erkennen
4: Beim Finden des Subtrahenden als Hilfe Plättchen (Beilage) nutzen

AH S. 12
ÜH S. 12

Umkehraufgaben

1

6 – 4 = ▢

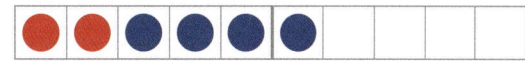

2 + 4 = ▢

2

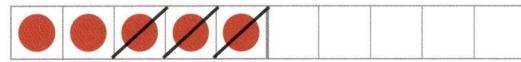
5 – 3 = ▢

2 + 3 = ▢

▢ – ▢ = ▢

▢ + ▢ = ▢

▢ – ▢ = ▢

▢ + ▢ = ▢

> Erst nehme ich 3 weg. Dann lege ich 3 dazu.

3 Lege und rechne.

5 – 1 = ▢   3 – 2 = ▢   6 – 3 = ▢ | 5 – 1 = 4 |
▢ + ▢ = ▢   ▢ + ▢ = ▢   ▢ + ▢ = ▢ | 4 + 1 = 5 |

5 – 2 = ▢   6 – 2 = ▢   5 – 4 = ▢
▢ + ▢ = ▢   ▢ + ▢ = ▢   ▢ + ▢ = ▢

1: Bilder beschreiben, Zusammenhang zwischen Addition und Subtraktion mit Plättchen
(Beilage) handelnd erarbeiten
2 und 3: Zusammenhang (der Addition und Subtraktion) zur Kontrolle nutzen

AH S. 12
ÜH S. 12   27

Addieren und Subtrahieren bis 6

1

Die Tauschaufgabe hilft mir.

$2 + 4 =$ ☐ $2 + 3 =$ ☐
$1 + 2 =$ ☐ $1 + 4 =$ ☐
$4 + 1 =$ ☐ $3 + 2 =$ ☐
$1 + 5 =$ ☐ $1 + 3 =$ ☐

2

$4 - 3 =$ ☐ $6 - 2 =$ ☐
$3 - 2 =$ ☐ $5 - 3 =$ ☐
$6 - 3 =$ ☐ $4 - 1 =$ ☐
$5 - 4 =$ ☐ $6 - 5 =$ ☐

Ich prüfe mit der Umkehraufgabe.

3

$2 + 2 =$ ☐ $3 + 1 =$ ☐ $6 - 3 =$ ☐ $1 + 5 =$ ☐
$2 + 1 =$ ☐ $5 - 1 =$ ☐ $4 + 2 =$ ☐ $3 - 1 =$ ☐
$4 - 2 =$ ☐ $4 + 2 =$ ☐ $5 + 1 =$ ☐ $6 - 1 =$ ☐
$6 - 4 =$ ☐ $5 - 2 =$ ☐ $6 - 2 =$ ☐ $3 + 3 =$ ☐

4

+	1	3	2
2	3		

$2 + 1 = 3$

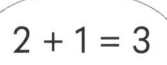

+	2	1	3
3			

5

$5 - 2 = 3$

–	2	4	3
5	3		

–	3	2	4
6			

1: Möglichkeit von Tauschaufgaben als Lösungshilfe erläutern
4 und 5: Begriff „Tabelle" einführen; bei der Kontrolle der Ergebnisse die Gleichungen nennen;
KV 13 (HRU) nutzen

AH S. 13
ÜH S. 13

1

$4 + \square = 6$ $\square + 2 = 4$ $\square + 1 = 5$
$2 + \square = 6$ $\square + 3 = 4$ $\square + 3 = 4$
$1 + \square = 4$ $\square + 1 = 3$ $\square + 4 = 5$
$3 + \square = 6$ $\square + 2 = 5$ $\square + 1 = 6$

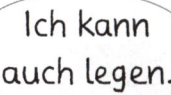

Ich kann auch legen.

Wie rechnest du?

2

$6 - \square = 3$ $3 - \square = 2$ $5 - \square = 3$
$5 - \square = 2$ $5 - \square = 1$ $6 - \square = 1$
$4 - \square = 3$ $6 - \square = 1$ $4 - \square = 2$
$6 - \square = 2$ $4 - \square = 1$ $3 - \square = 1$

3

$3 + 2 = 5$

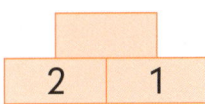

| 2 | 1 |

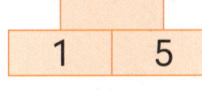

| 1 | 5 |

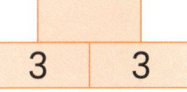

| 3 | 3 |

| 2 | 3 |

| 4 | 1 |

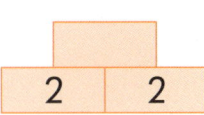

| 3 | 1 |

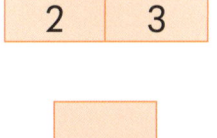

| 2 | 2 |

| 4 | 2 |

4

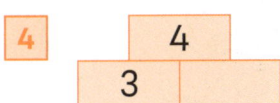

| | 4 | |
| 3 | | |

| | 6 | |
| 1 | | |

| | 5 | |
| 2 | | |

| | 6 | |
| 4 | | |

1 und 2: Eingeprägte Gleichungen zum Lösen nutzen, durch Legen das Finden der Ergebnisse unterstützen   3: Rechenmauern kennenlernen, bei der Kontrolle der Ergebnisse die Gleichungen nennen; KV 14 (HRU) nutzen

AH S. 14
ÜH S. 14   29

Die Zahl 0

1

2

3

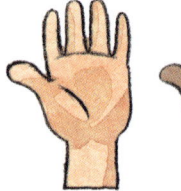 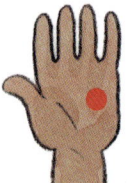 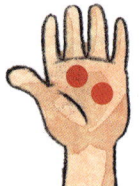    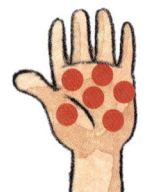

4

0 < 1	5 ◯ 0		6 ◯ 0	2 ◯ 4
0 ◯ 2	0 ◯ 6		4 ◯ 3	6 ◯ 3
0 ◯ 3	4 ◯ 0		2 ◯ 2	0 ◯ 5
0 ◯ 4	0 ◯ 0		1 ◯ 0	3 ◯ 3

5

0 Äpfel

0 Plättchen

0

1: Zum Bild erzählen, die Zahl 0 (Ziffer 0) über die leere Menge erarbeiten
4: Zahlen vergleichen, Relationszeichen setzen
5: Zahl 0 verschieden darstellen, die Besonderheit der Darstellung hervorheben; KV 10 (HRU) nutzen

AH S. 15
ÜH S. 15

1

3 − 1 = ☐   3 − ☐ = ☐   3 − ☐ = ☐

2

4 − 2 = ☐   ☐ − ☐ = ☐   ☐ − ☐ = ☐

3 Lege und rechne.

6 − 3 = ☐   5 − 5 = ☐   6 − 0 = ☐
6 − 4 = ☐   4 − 4 = ☐   1 − 0 = ☐
6 − 5 = ☐   3 − 3 = ☐   2 − 0 = ☐
6 − 6 = ☐   2 − 2 = ☐   4 − 0 = ☐

4

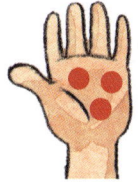 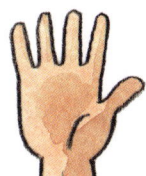    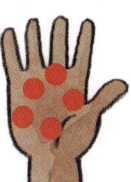   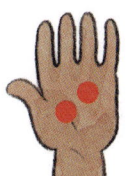

☐ + ☐ = ☐   ☐ + ☐ = ☐   ☐ + ☐ = ☐

5

0 + 5 = ☐   1 − 1 = ☐   0 + 2 = ☐   5 + 0 = ☐
3 + 2 = ☐   6 − 4 = ☐   4 + 0 = ☐   6 − 1 = ☐
1 + 5 = ☐   5 − 3 = ☐   3 + 1 = ☐   0 + 1 = ☐
6 + 0 = ☐   3 − 0 = ☐   0 + 3 = ☐   2 − 0 = ☐

BIST DU FIT?

1

2

2 ◯ 3	5 ◯ 0	2 ◯ 4
4 ◯ 1	2 ◯ 5	5 ◯ 5
3 ◯ 5	1 ◯ 1	6 ◯ 0
6 ◯ 6	3 ◯ 4	3 ◯ 1

3

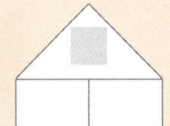 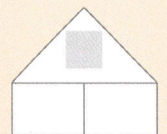 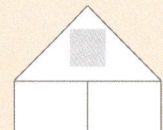 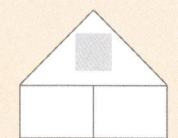

4

5

3 + 1 = ☐	3 − 2 = ☐	0 + 4 = ☐
2 + 3 = ☐	5 − 0 = ☐	6 − 5 = ☐
4 + 2 = ☐	4 − 4 = ☐	5 + 1 = ☐
6 + 0 = ☐	6 − 3 = ☐	1 − 0 = ☐

Aufgaben als Rückmeldung über den Leistungsstand nutzen
KV 11 (HRU) nutzen

PH S. 2 bis 4

Mit Zahlen spielen

1 Gestalte eine Seite zu deiner Lieblingszahl.

Ich hab fünf Finger an der 🖐,

ein jeder ist mir gut bekannt.

Und das weiß jedes Kind:

An jedem 🦶 fünf Zehen sind.

5

2 Wer belegt die meisten Zahlen?

| 1 | 2 | 3 |
| 4 | 5 | 6 |

Die 2 ist noch frei.

3 Wie viele?

Wie viele sind in meiner Hand?

2

1: Zahlenbuch oder Zahlenplakate anfertigen, analog oder digital
3: Mögliche Zerlegungen finden; Plättchen und Zahlenkarten (Beilage) nutzen

Die Zahl 7

1

2

3

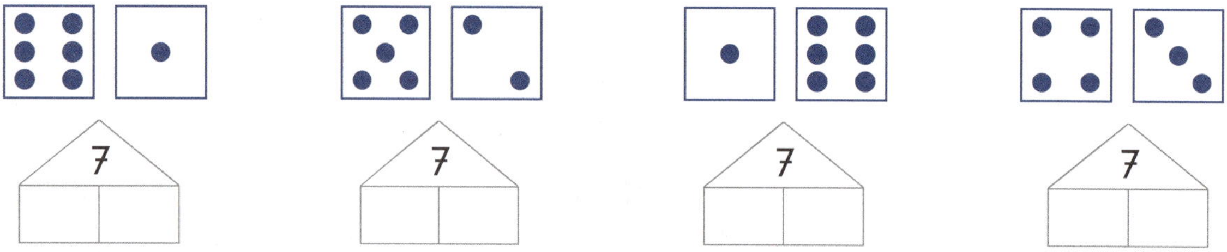

4

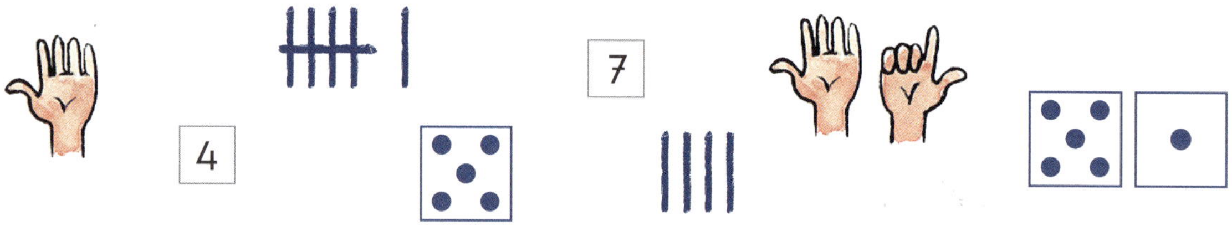

5

    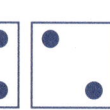 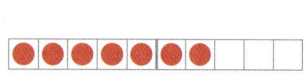 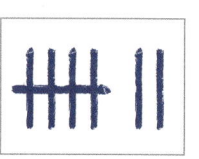 

1: Zum Bild erzählen, Zahl 7 (Ziffer 7) erarbeiten, Zerlegungen im Bild erkennen
4: Gleiche Anzahlen zuordnen
5: Zahl 7 verschieden darstellen, dabei die Struktur der 5 nutzen; KV 7 (HRU) nutzen

AH S. 16
ÜH S. 16

Die Zahl 8

1

2

3

8	
4	4
8	
	2
	5

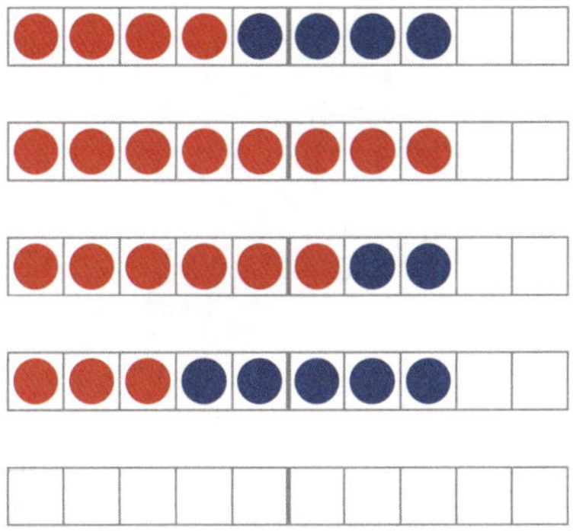

Immer 8.

4

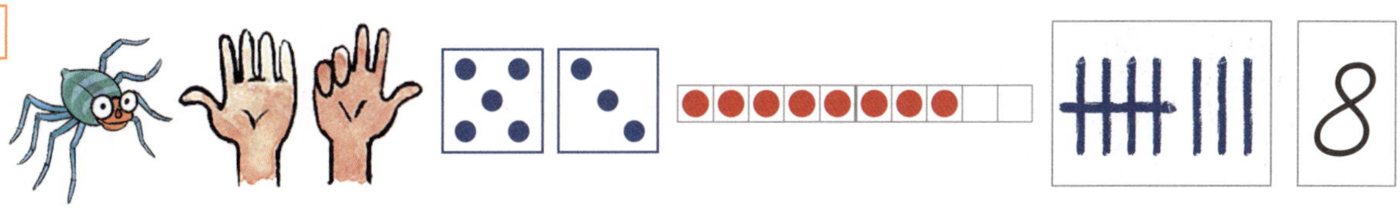

1: Zum Bild erzählen, Zahl 8 (Ziffer 8) erarbeiten, Zerlegungen im Bild erkennen   3: Zerlegung der
Zahl 8 im Zerlegungshaus notieren, Plättchen und Zehnerfeld (Beilage) zum Lösen nutzen
4: Zahl 8 verschieden darstellen, dabei die Struktur der 5 nutzen; KV 8 (HRU) nutzen

AH S. 16
ÜH S. 16
35

Die Zahl 9

2

  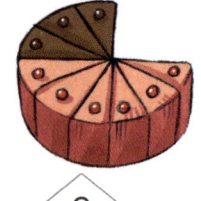 

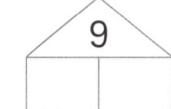 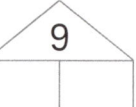 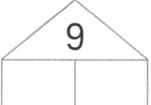

3

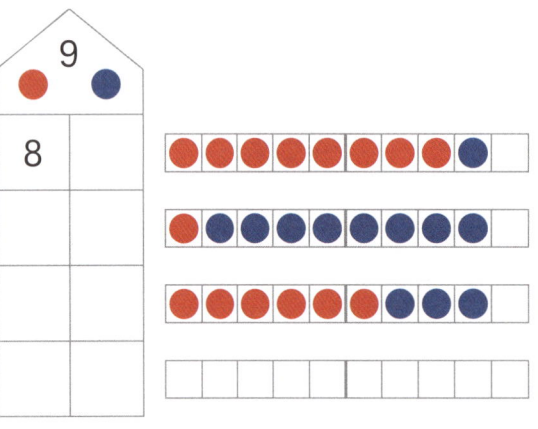

Immer 9.

4

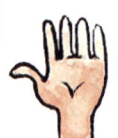 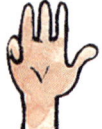 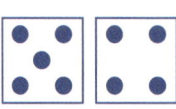 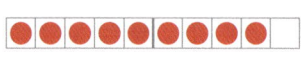  

1: Zum Bild erzählen, Zahl 9 (Ziffer 9) erarbeiten
3: KV 12 (HRU) nutzen
4: Zahl 9 verschieden darstellen, dabei die Struktur der 5 nutzen; KV 9 (HRU) nutzen

AH S. 17
ÜH S. 17

Die Zahl 10

1

2

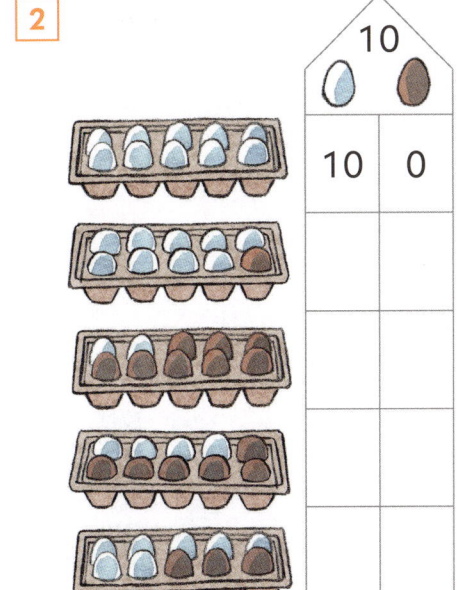

Immer 10.

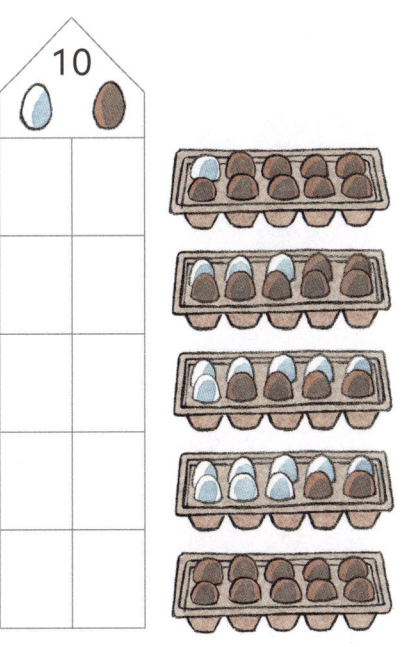

10 🥚	🥚
10	0

3

0   1   3   6

4

 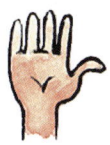 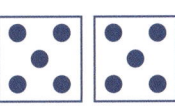 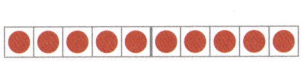 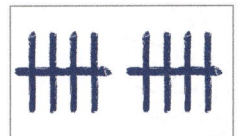 

1: Zum Bild erzählen, Zahl 10 erarbeiten, Zerlegungen im Bild erkennen
3: Zählen; fehlende Zahlen nennen und ergänzen
4: Zahl 10 verschieden darstellen, dabei die Struktur der 5 hervorheben

AH S. 17
ÜH S. 17   37

Vergleichen der Zahlen von 0 bis 10

1

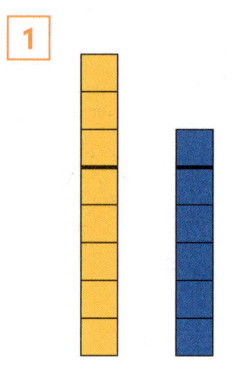 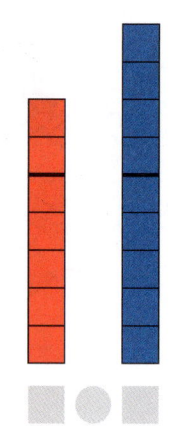  

8 > 6

2

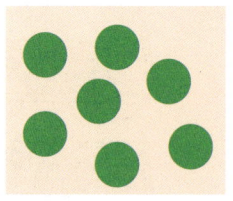 

3

9 ● 5   9 ● 9

6 ● 5   7 ● 6

4 ● 10   8 ● 9

2 ● 10   4 ● 0

4

5 < 8   7 > ▨

5 < ▨   7 > ▨

5 < ▨   7 > ▨

5 < ▨   7 > ▨

5

6 < ▨   ▨ < 8   ▨ < ▨

6 > ▨   ▨ > 8   ▨ > ▨

6 = ▨   ▨ = 8   ▨ = ▨

1 und 2: Mengen handelnd vergleichen und Bedeutung der Relationszeichen wiederholen
4 und 5: Mehrere Lösungen möglich

AH S. 18
ÜH S. 18

Zerlegen der Zahlen von 1 bis 10

1

 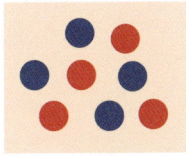 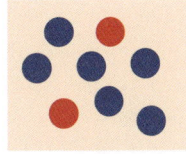 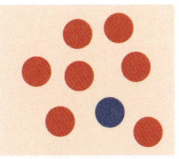

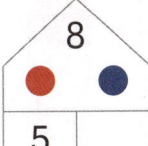   

2

3 Lege. Finde alle Möglichkeiten.

Sind das alle Möglichkeiten?

1: Zerlegung der Mengen erkennen oder durch Legen von Plättchen (Beilage) nachvollziehen
2 und 3: Systematisches Vorgehen beim Zerlegen einer Zahl als Lösungsmöglichkeit erkennen,
als Hilfe Plättchen nutzen; KV 15 (HRU) nutzen

AH S. 19
ÜH S. 19
39

Orientieren im Zahlenraum bis 10

1

Immer +1

0

3

2

1

2

0   2   5

3

| 1 | | | | 9 | | | | 4 | | | | 8 | | | | 7 |

| 3 | | 6 | | 0 | | 3 | | | 6 | 7 | | | 8 | 9 | |

| | 5 | | | | | 8 | | | 2 | | | |

4 Zählt vorwärts.

von 3 bis 7   von 0 bis 5   von 1 bis 6

5 Zählt rückwärts.

von 8 bis 4   von 10 bis 5   von 7 bis 2

40

1: Ordnung der Zahlen erarbeiten
2 und 3: Mit Zahlenkarten (Beilage) arbeiten

AH S. 20
ÜH S. 20

Vorgänger und Nachfolger

1

6 liegt zwischen 5 und 7.

Vorgänger Zahl Nachfolger

V	Z	N
5	6	7

Vorgänger Zahl Nachfolger

V	Z	N
	8	

2 Nennt Vorgänger und Nachfolger.

V	Z	N
	3	

V	Z	N
	6	

V	Z	N
	4	

V	Z	N
	7	

MERKE DIR

Zahlen (Z) haben einen Vorgänger (V) und einen Nachfolger (N).

3

V	Z	N
	2	
	5	
	7	
	9	

V	Z	N
	1	
	3	
	6	
	8	

4

V	Z	N
0		
6		
3		
5		

V	Z	N
		5
		8
		4
		10

5 Welche Zahlen liegen zwischen $\boxed{0}$ und $\boxed{4}$?

Welche Zahlen liegen zwischen $\boxed{3}$ und $\boxed{8}$?

Welche Zahlen liegen zwischen $\boxed{5}$ und $\boxed{10}$?

Der Zahlenstrahl

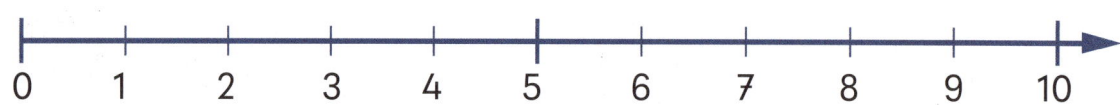

0 1 2 3 4 5 6 7 8 9 10

1 Zeigt am Zahlenstrahl.

3 0 7 9 10

2 Zeigt den Nachfolger von 8 3 5 1 6.

3 Zeigt den Vorgänger von 1 4 7 2 10.

4 Zeigt die Zahlen.

zwischen 3 und 5   zwischen 6 und 9

> Immer 2 Kästchen.

5 Zeichne einen Zahlenstrahl. Trage Zahlen an.

die Zahl 5

Zahlen kleiner als 5

Zahlen größer als 5

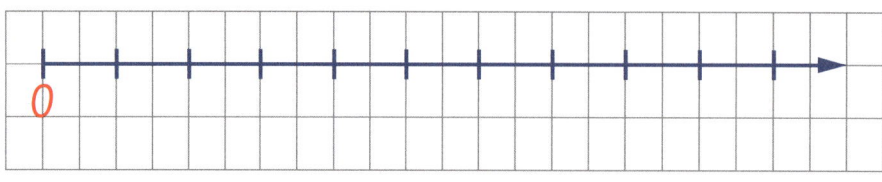

0

6

> Welche Zahlen sind größer als 4 und kleiner als 7?

Lisa

> Welche Zahlen sind kleiner als 8 und größer als 5?

Ben

7 Stellt euch Aufgaben zum Zahlenstrahl.

1 und 2: Ordnung der Zahlen am Zahlenstrahl erarbeiten
KV 16 (HRU) nutzen

AH S. 21
ÜH S. 21

1

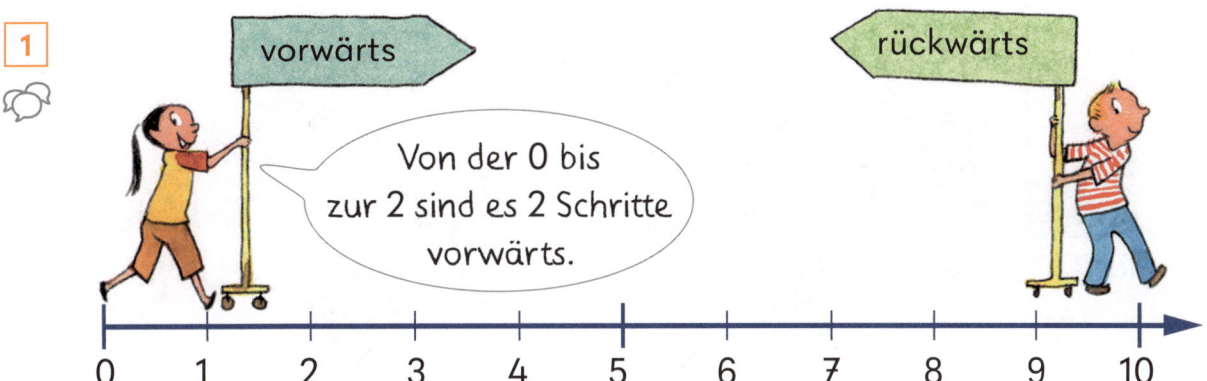

2 Zähle die Schritte.

Von der 6 zur 8 sind es ☐ Schritte vorwärts.

Von der 5 zur 9 sind es ☐ Schritte vorwärts.

Von der 3 zur 7 sind es ☐ Schritte vorwärts.

Von der 10 zur 8 sind es ☐ Schritte rückwärts.

Von der 3 zur 0 sind es ☐ Schritte rückwärts.

3 Welche Zahlen fehlen?

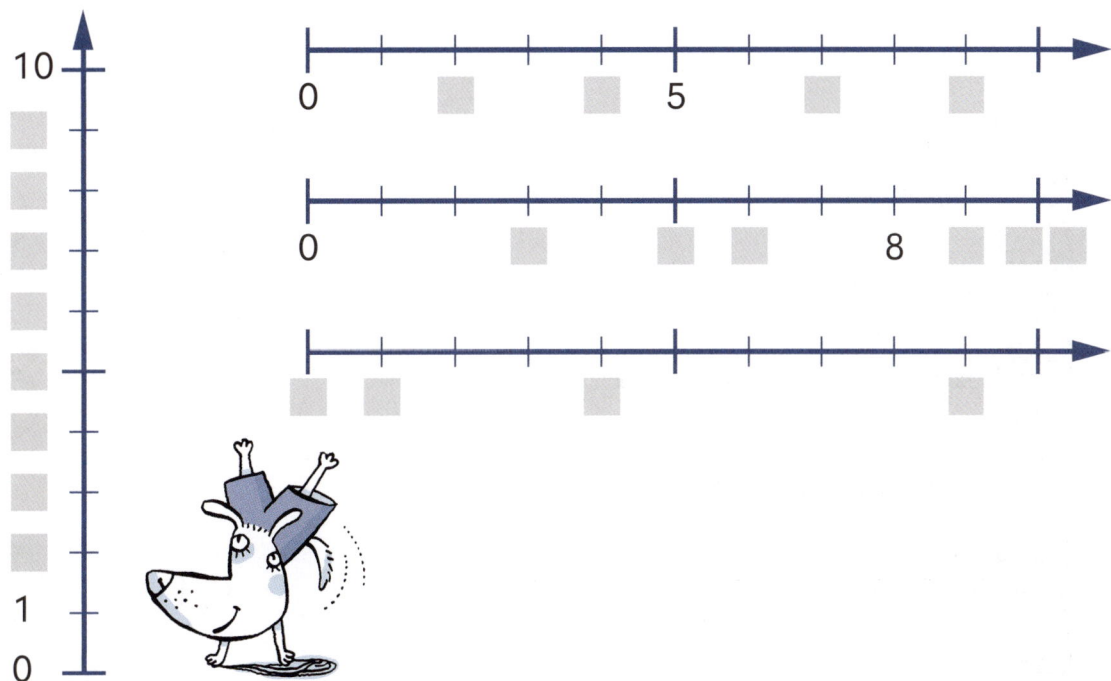

Ordnungszahlen

1

1. ▢ ▢ ▢ ▢ ▢ ▢ ▢ ▢

2

▢ ▢ ▢ ▢ ▢ ▢ ▢

3

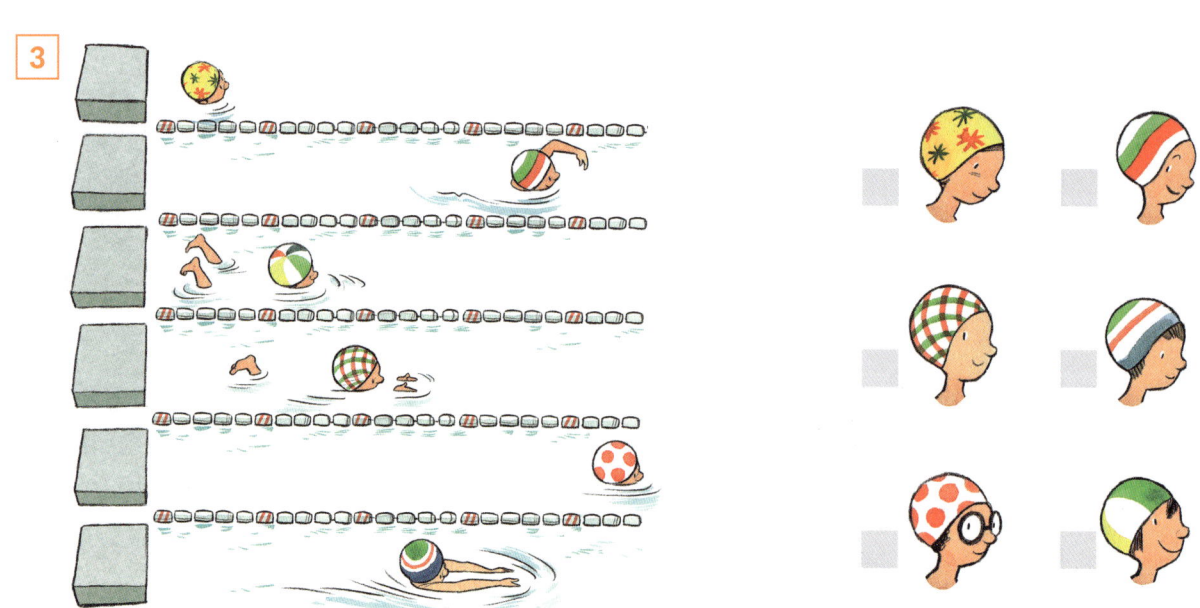

Bilder beschreiben und Ordnungszahlen angeben, dabei die verschiedenen Richtungen beachten
1: Sprech- und Schreibweise thematisieren

AH S. 22
ÜH S. 22

1

2

3

Addieren bis 10

1

$3 + 3 = \square$

$4 + 3 = \square$

2

$6 + 2 = \square$

$\square + \square = \square$

$\square + \square = \square$

$\square + \square = \square$

$\square + \square = \square$

$\square + \square = \square$

$\square + \square = \square$

$\square + \square = \square$

3

$5 + 3 = \square\square$

$\square + \square = \square\square$

$\square + \square = \square\square$

$\square + \square = \square\square$

$\square + \square = \square\square$

$\square + \square = \square\square$

$\square + \square = \square\square$

$\square + \square = \square\square$

1 Lege und rechne.

4 + 3 =	1 + 6 =	4 + 6 =	8 + 2 =
6 + 2 =	2 + 2 =	1 + 8 =	4 + 4 =
5 + 5 =	3 + 7 =	5 + 2 =	3 + 6 =
7 + 2 =	5 + 4 =	2 + 6 =	2 + 3 =

MERKE DIR

Summand   Summand   Summe
    4   +   2   =   6
              Summe

2

2 + 4 =	4 + 5 =	3 + 3 =
3 + 4 =	3 + 5 =	3 + 4 =
4 + 4 =	2 + 5 =	3 + 5 =
5 + 4 =	1 + 5 =	3 + 6 =

Das sind besondere Aufgaben.

3 Finde selbst solche Aufgaben.

4 Der 1. Summand ist 6. Der 2. Summand ist 3.
Berechne die Summe.

5 Lege und rechne.

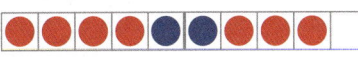

4 + 2 + 3 =

6 + 2 + 1 =	4 + 3 + 3 =	4 + 2 + 2 =
3 + 4 + 1 =	6 + 0 + 3 =	5 + 3 + 2 =
2 + 2 + 2 =	4 + 1 + 5 =	3 + 3 + 3 =

2: Muster erkennen und verbalisieren
4: Begriffe verstehen, Aufgabe finden
5: Situation mit Kindern nachspielen, Aufgabe mit Plättchen (Beilage) legen

AH S. 23
ÜH S. 23   47

Tauschaufgaben

1

Mila   3 + 4   4 + 3   Ben

$3 + 4 = \square$

$4 + 3 = \square$

2 Lege und rechne.

$2 + \square = \square$ $\square + \square = \square$

$\square + \square = \square$ $\square + \square = \square$

MERKE DIR

Die **Summanden** kannst du vertauschen. $3 + 4 = 7$

Die **Summe** bleibt gleich. $4 + 3 = 7$

3 Rechne Aufgabe und Tauschaufgabe.

$4 + 5 = \square$	$2 + 6 = \square$	$0 + 7 = \square$
$6 + 3 = \square$	$2 + 4 = \square$	$8 + 1 = \square$
$3 + 7 = \square$	$1 + 3 = \square$	$4 + 3 = \square$
$5 + 3 = \square$	$4 + 6 = \square$	$2 + 5 = \square$

$4 + 5 = 9$
$5 + 4 = 9$

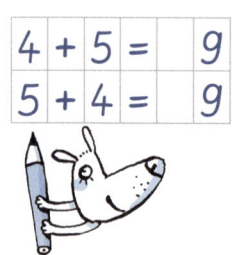

4 Finde Aufgaben. Rechne auch die Tauschaufgabe.

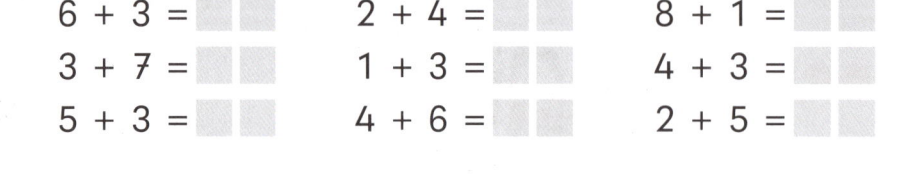

$\square + 5 = \square$ $2 + \square = \square$ $\square + \square = 7$

$\square + 3 = \square$ $1 + \square = \square$ $\square + \square = 9$

48

1: Begriff „Tauschaufgabe" wiederholen
2: Aufgabe und Tauschaufgabe (Beilage) legen
3 und 4: Bei Bedarf Aufgabe und Tauschaufgabe mit Plättchen legen

AH S. 24

Addieren bis 10 – Übungen

1

6 + 1 = ▢▢	4 + 5 = ▢▢	5 + 5 = ▢▢	2 + 6 = ▢▢
4 + 3 = ▢▢	8 + 2 = ▢▢	6 + 3 = ▢▢	2 + 4 = ▢▢
3 + 3 = ▢▢	4 + 4 = ▢▢	7 + 1 = ▢▢	8 + 1 = ▢▢
1 + 4 = ▢▢	9 + 1 = ▢▢	2 + 5 = ▢▢	2 + 7 = ▢▢

2 / **3**

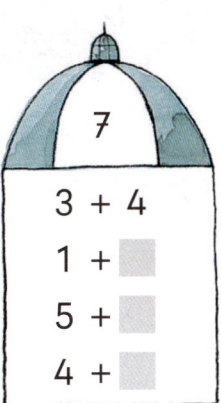

7

3 + 4
1 + ▢
5 + ▢
4 + ▢

8

2 + ▢
5 + ▢
6 + ▢
1 + ▢

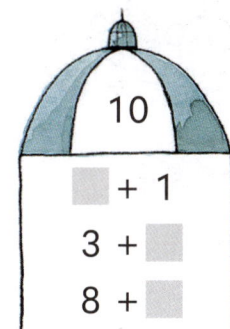

10

▢ + 1
3 + ▢
8 + ▢
▢ + 5

9

▢ + ▢
▢ + ▢
▢ + ▢
▢ + ▢

4

6 + ▢ = 9	3 + ▢ = 8
2 + ▢ = 9	6 + ▢ = 8
4 + ▢ = 7	4 + ▢ = 9
2 + ▢ = 7	3 + ▢ = 6

5

3 + 3 + 3 = ▢
1 + 3 + 5 = ▢
2 + 4 + 2 = ▢
6 + 3 + 0 = ▢

6 Die Summe ist 9. Der 1. Summand ist 6.
Berechne den 2. Summanden.

7

8

Subtrahieren bis 10

1

$9 - 5 = $ ⬜ $\qquad\qquad$ $8 - 4 = $ ⬜

2

$8 - 3 = $ ⬜ $\qquad\qquad$ ⬜ $-$ ⬜ $=$ ⬜

⬜ ⬜ $-$ ⬜ $=$ ⬜ $\qquad$ ⬜ $-$ ⬜ $=$ ⬜

⬜ $-$ ⬜ $=$ ⬜ $\qquad\qquad$ ⬜ $-$ ⬜ $=$ ⬜

⬜ $-$ ⬜ $=$ ⬜ $\qquad\qquad$ ⬜ $-$ ⬜ $=$ ⬜

3 Lege und rechne.

$10 - 2 = $ ⬜ $\qquad$ $9 - 6 = $ ⬜ $\qquad$ $9 - 4 = $ ⬜

$6 - 3 = $ ⬜ $\qquad$ $7 - 5 = $ ⬜ $\qquad$ $6 - 5 = $ ⬜

$4 - 4 = $ ⬜ $\qquad$ $8 - 7 = $ ⬜ $\qquad$ $10 - 8 = $ ⬜

$3 - 2 = $ ⬜ $\qquad$ $6 - 4 = $ ⬜ $\qquad$ $8 - 6 = $ ⬜

1 Lege und rechne.

4 – 2 =	10 – 1 =	8 – 2 =	9 – 8 =
6 – 3 =	6 – 2 =	7 – 3 =	4 – 3 =
3 – 1 =	5 – 5 =	6 – 1 =	10 – 5 =
5 – 4 =	9 – 3 =	9 – 6 =	5 – 3 =

Minuend	Subtrahend	Differenz
7	– 6	= 1

Differenz

2

8 – 6 =	9 – 5 =	10 – 5 =
8 – 5 =	9 – 4 =	10 – 4 =
8 – 4 =	9 – 3 =	10 – 3 =
8 – 3 =	9 – 2 =	10 – 2 =

Das sind besondere Aufgaben.

3 Finde selbst solche Aufgaben.

4 Der Minuend ist 8. Der Subtrahend ist 4.
Berechne die Differenz.

5 Lege und rechne.

9 – 3 – 4 =

8 – 4 – 3 =	7 – 6 – 0 =	4 – 0 – 1 =
6 – 2 – 1 =	9 – 5 – 2 =	5 – 2 – 3 =
5 – 3 – 2 =	10 – 3 – 4 =	9 – 6 – 2 =

2: Muster erkennen und verbalisieren
4: Begriffe verstehen, Aufgaben finden
5: Situation mit Kindern nachspielen, Aufgaben mit Plättchen (Beilage) legen

AH S. 25
ÜH S. 25

51

Umkehraufgaben

1

  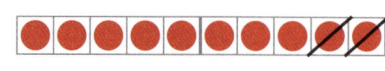

10 – 2 = ☐

  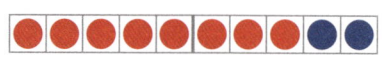

8 + 2 = ☐☐

2 Lege und rechne.

7 – ☐ = ☐

☐ + ☐ = ☐

3 + ☐ = ☐

☐ – ☐ = ☐

3 Rechne Aufgabe und Umkehraufgabe.

10 – 4 = ☐	8 – 4 = ☐	9 – 8 = ☐	
9 – 5 = ☐	6 – 4 = ☐	7 – 5 = ☐	
8 – 6 = ☐	7 – 3 = ☐	8 – 5 = ☐	
6 – 2 = ☐	9 – 4 = ☐	10 – 8 = ☐	

10 – 4 =	6
6 + 4 =	10

4

4 + 2 = ☐☐	7 + 2 = ☐☐	1 + 7 = ☐☐
5 + 3 = ☐☐	5 + 5 = ☐☐	4 + 5 = ☐☐
2 + 7 = ☐☐	2 + 3 = ☐☐	2 + 6 = ☐☐
6 + 3 = ☐☐	1 + 4 = ☐☐	3 + 4 = ☐☐

4 + 2 =	6
6 – 2 =	4

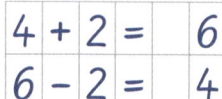

5

| 2 | 3 | 1 |

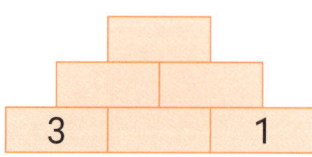

| 3 | | 1 |

| | 7 | 3 |

52

1 und 2: Situation nachspielen, Zusammenhang zwischen Addition und Subtraktion mit Kindern
nachstellen   3: Zusammenhang (der Addition und Subtraktion) zur Kontrolle nutzen
5: Zusammenhänge anwenden, mehrere Lösungen möglich

AH S. 26

Subtrahieren bis 10 – Übungen

1

9 – 6 = ☐   8 – 5 = ☐   5 – 4 = ☐   10 – 8 = ☐
3 – 2 = ☐   9 – 4 = ☐   9 – 7 = ☐   8 – 7 = ☐
4 – 3 = ☐   10 – 3 = ☐   4 – 4 = ☐   6 – 5 = ☐
6 – 6 = ☐   7 – 5 = ☐   9 – 5 = ☐   7 – 3 = ☐

2

8 – ☐ = 5   4 – ☐ = 2
9 – ☐ = 4   8 – ☐ = 3
10 – ☐ = 6   6 – ☐ = 1
7 – ☐ = 5   9 – ☐ = 3

3

8 – 6 – 1 = ☐
7 – 3 – 4 = ☐
9 – 2 – 4 = ☐
10 – 3 – 4 = ☐

4

4
1   1

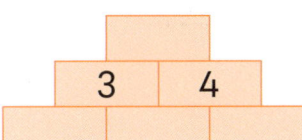

3   4

10

5 Bilde selbst Rechenmauern.

6

–	7	4	3
9			
8			

–	4	6	5
7			
6			

–	0	6	7
10			
8			

7 Berechne die Differenz aus

| 7 und 3 | | 10 und 6 | | 9 und 9 | | 8 und 4 | .

8 Der Minuend ist 10. Der Subtrahend ist 7.
Berechne die Differenz.

Addieren und Subtrahieren bis 10

1

| 7 – 4 | 1 + 3 | 8 – 5 | 1 + 6 | 8 – 4 | 8 – 2 |

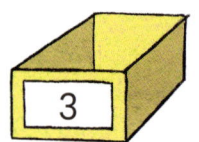 3 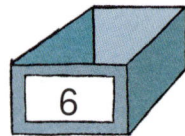 6 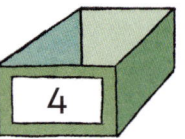 4 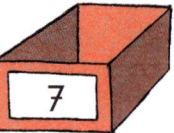 7

| 0 + 7 | 2 + 4 | 10 – 3 | 10 – 6 | 1 + 2 | 9 – 6 |

2

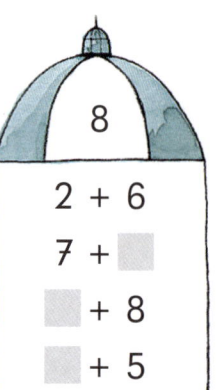

8

2 + 6
7 + ▢
▢ + 8
▢ + 5

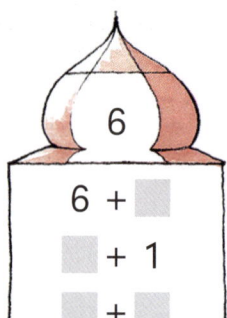

6

6 + ▢
▢ + 1
▢ + ▢
▢ + ▢

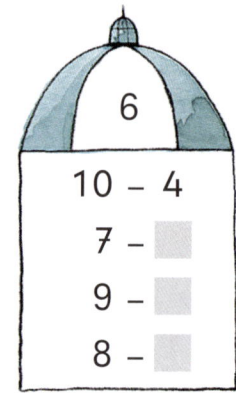

6

10 – 4
7 – ▢
9 – ▢
8 – ▢

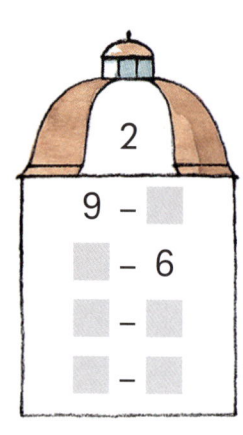

2

9 – ▢
▢ – 6
▢ – ▢
▢ – ▢

3

3 $\xrightarrow{+4}$ 7   6 $\xrightarrow{-3}$ ▢   3 $\xrightarrow{+5}$ ▢   **4** 5 $\xrightarrow{+▢}$ 10

6 $\xrightarrow{+3}$ ▢   7 $\xrightarrow{-5}$ ▢   10 $\xrightarrow{-4}$ ▢   6 $\xrightarrow{+▢}$ 9

5 $\xrightarrow{+4}$ ▢   8 $\xrightarrow{-7}$ ▢   4 $\xrightarrow{+5}$ ▢   8 $\xrightarrow{-▢}$ 3

2 $\xrightarrow{+6}$ ▢   6 $\xrightarrow{-5}$ ▢   8 $\xrightarrow{-1}$ ▢   7 $\xrightarrow{-▢}$ 4

5

+	2	3	4
6			
3			

–	3	6	7
8			
9			

6

+	5	1	6
	9		
		4	

1: Aufgaben lösen und in die entsprechenden Kisten sortieren
3 und 4: Bei der Kontrolle der Ergebnisse Gleichungen nennen

AH S. 27 bis 29
ÜH S. 27 bis 29

Gleichungen und Ungleichungen

1

Ich rechne
5 + 2 = 7
7 ist kleiner als 9.

Anna

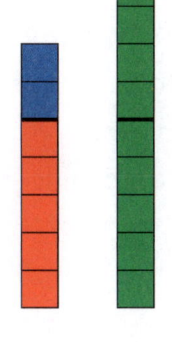

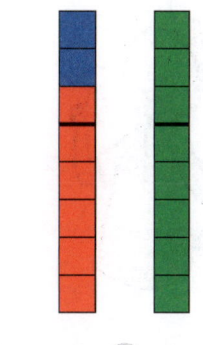

5 + 2 < 9
7 < 9

6 + 2 ◯ 8
8 ◯ 8

2 Setze das richtige Zeichen ein: < , > , = .

6 + 3 ◯ 10	8 + 2 ◯ 9	9 – 7 ◯ 4	9 – 3 ◯ 6
0 + 7 ◯ 7	9 + 0 ◯ 10	10 – 3 ◯ 2	9 – 5 ◯ 2
3 + 4 ◯ 10	2 + 7 ◯ 9	9 – 1 ◯ 2	10 – 10 ◯ 1
5 + 0 ◯ 5	7 + 3 ◯ 10	7 – 7 ◯ 2	8 – 3 ◯ 4

3 Richtig r oder falsch f ?

6 + 3 < 9 ◯
4 + 2 > 5 ◯
3 + 2 = 7 ◯
7 + 3 = 10 ◯

10 – 4 < 5 ◯
9 – 0 = 9 ◯
5 – 4 < 2 ◯
7 – 5 > 1 ◯

4 Welche Zahl kannst du einsetzen?

3 + ▢ < 6   10 – ▢ > 7
6 + ▢ < 9   9 – ▢ > 4
1 + ▢ < 7   8 – ▢ > 2
4 + ▢ < 8   10 – ▢ > 6

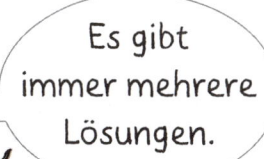

Es gibt immer mehrere Lösungen.

1: Vergleichen durch Legen (Legematerial) oder Bauen erarbeiten
3: Falsche Zeichen korrigieren
4: Differenzierung: Beim Lösen systematisch vorgehen und mit Null beginnen

AH S. 29   55

Aufgabenfamilien

1

2 Aufgaben mit + und 2 Aufgaben mit − sind eine Aufgabenfamilie.

6 2 8

$6 + 2 = \square$
$2 + 6 = \square$
$8 - 2 = \square$
$8 - 6 = \square$

2

2 3 5

$2 + 3 = \square$
$3 + 2 = \square$
$5 - 3 = \square$
$5 - 2 = \square$

4 5 9

$4 + 5 = \square$
$5 + 4 = \square$
$9 - 5 = \square$
$9 - 4 = \square$

4 7 3

$4 + 3 = \square$
$3 + 4 = \square$
$\square - \square = \square$
$\square - \square = \square$

3

3 5 8

3 9 6

3,	5,	8		
3 + 5	= 8			
5 + 3	= 8			
8 − 5	= 3			
8 − 3	= 5			

4

2 5
6 3

4 4
2 7

5 Finde selbst Aufgabenfamilien.

6 Max behauptet: Mit ③, ⑤, ⑨ kann man keine Aufgabenfamilie bilden.
Stimmt das? Begründe.

1: Zusammenhang zwischen den 4 Aufgaben herausarbeiten, dabei die Begriffe „Tauschaufgabe" und
„Umkehraufgabe" wiederholen   4: Verschiedene Lösungen möglich

AH S. 30
ÜH S. 30

Sachaufgaben – Rechengeschichten finden

1

■ ● ■ = ■

3 + 2

Ich habe eine andere Aufgabe gefunden.

2

■ ● ■ = ■   ■ ● ■ = ■

3

■ ● ■ = ■

■ ● ■ = ■

BIST DU FIT?

1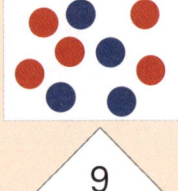

9   10

2

7 ○ 9	6 ○ 6
8 ○ 8	3 ○ 3
7 ○ 6	8 ○ 7
9 ○ 10	5 ○ 6

3

V	Z	N
	3	
	4	
	6	

V	Z	N
0		
8		
		3

4

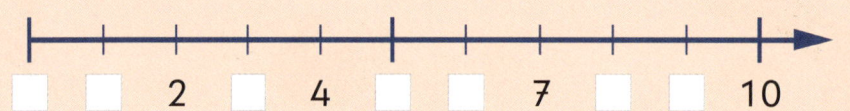

☐   ☐   2   ☐   4   ☐   ☐   7   ☐   ☐   10

5

5 + 5 = ☐☐	4 + ☐ = 10
3 + 6 = ☐☐	7 + ☐ = 9
4 + 5 = ☐☐	5 + ☐ = 8
0 + 7 = ☐☐	3 + ☐ = 7

6

8 – 3 = ☐	8 – ☐ = 6
10 – 2 = ☐	7 – ☐ = 4
9 – 4 = ☐	9 – ☐ = 6
7 – 6 = ☐	10 – ☐ = 5

7 Bilde Aufgabenfamilien.

 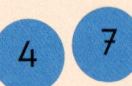

3   4   7   1   7   8   5   4

8

5 + 2 + 3 = ☐☐	7 – 2 – 4 = ☐
1 + 3 + 4 = ☐☐	8 – 3 – 5 = ☐
4 + 5 + 0 = ☐☐	10 – 2 – 5 = ☐
2 + 2 + 3 = ☐☐	9 – 3 – 4 = ☐

Aufgaben als Rückmeldung über den Leistungsstand nutzen
KV 11 (HRU) nutzen   **PH** S. 5 und 6

Mit Zahlen spielen

1 Gestalte eine Seite zu deiner Lieblingszahl.

2 Wer bekommt die meisten Karten?

5 < 8

Die Karten kommen unter meinen Stapel.

3 Welche Zerlegungen stimmen?

Richtig! Jeder bekommt ein ●.

Wer findet alle Zerlegungen einer Zahl?

1: Zahlenbuch oder Zahlenplakate anfertigen, analog oder digital
2 und 3: Zahlenkarten (Beilage) nutzen

Geldwerte von 1 Cent bis 10 Cent

1

2 Lege nach.

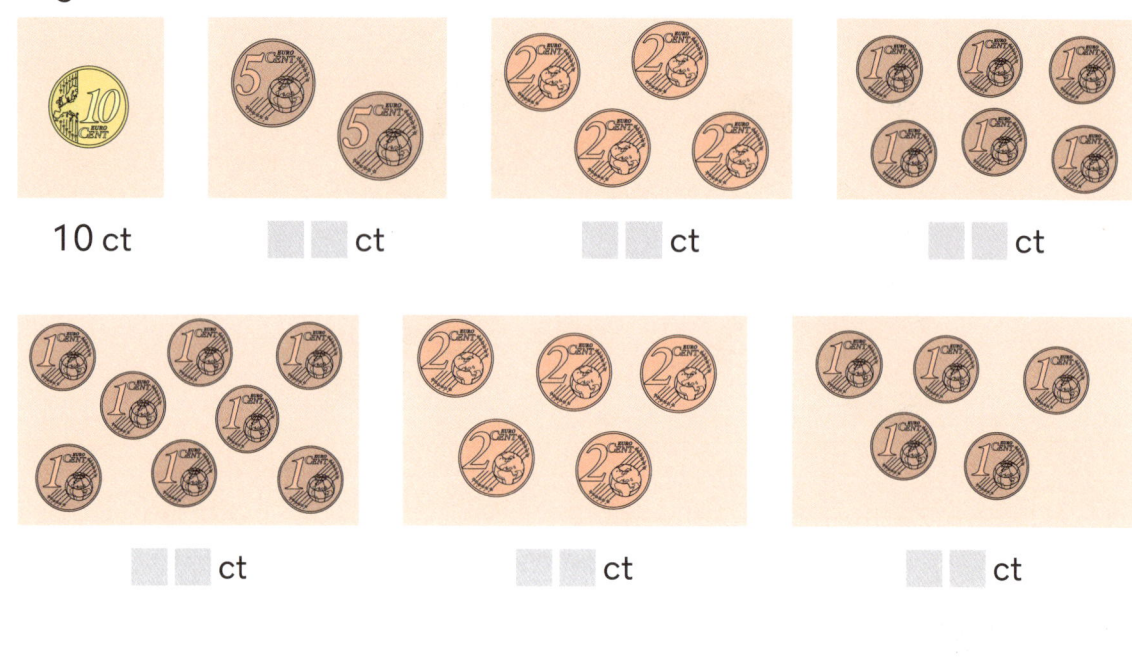

10 ct   ▢▢ ct   ▢▢ ct   ▢▢ ct

▢▢ ct   ▢▢ ct   ▢▢ ct

3

  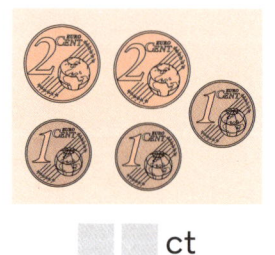 

▢▢ ct   ▢▢ ct   ▢▢ ct   ▢▢ ct

1: Über Einkaufssituation sprechen, Cent-Münzen einführen
2 und 3: Beträge mit Münzen (Beilage) nachlegen

AH S. 32
ÜH S. 31

1 Lege immer 9 ct.

2 Lege. Finde verschiedene Möglichkeiten.

Findest du alle Möglichkeiten?

4 ct  oder

5 ct

6 ct

3 Lege und rechne.

7 ct + 2 ct = ☐ ct   9 ct – 4 ct = ☐ ct   4 ct + 4 ct = ☐ ct
3 ct + 6 ct = ☐ ct   8 ct – 5 ct = ☐ ct   9 ct – 2 ct = ☐ ct
2 ct + 8 ct = ☐ ct   5 ct – 1 ct = ☐ ct   0 ct + 7 ct = ☐ ct
5 ct + 5 ct = ☐ ct   10 ct – 5 ct = ☐ ct   6 ct – 5 ct = ☐ ct

4
7 ct + ☐ ct = 9 ct   10 ct – ☐ ct = 3 ct   3 ct + ☐ ct = 9 ct
3 ct + ☐ ct = 9 ct   8 ct – ☐ ct = 2 ct   6 ct – ☐ ct = 0 ct
2 ct + ☐ ct = 10 ct   7 ct – ☐ ct = 0 ct   1 ct + ☐ ct = 5 ct
8 ct + ☐ ct = 8 ct   6 ct – ☐ ct = 6 ct   5 ct – ☐ ct = 3 ct

5
☐ ct + 2 ct = 6 ct
☐ ct + 4 ct = 8 ct
☐ ct – 5 ct = 0 ct
☐ ct – 8 ct = 1 ct

6
2 ct + 3 ct + ☐ ct = 10 ct
2 ct + ☐ ct + 2 ct = 9 ct
10 ct – 2 ct – ☐ ct = 1 ct
8 ct – ☐ ct – 2 ct = 0 ct

Geldwerte von 1 Euro bis 10 Euro

1

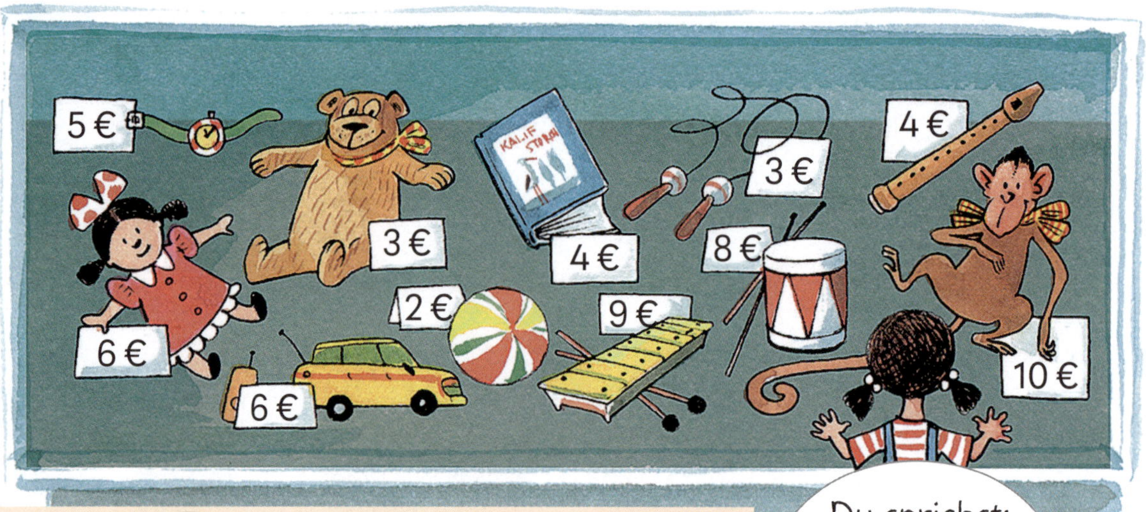

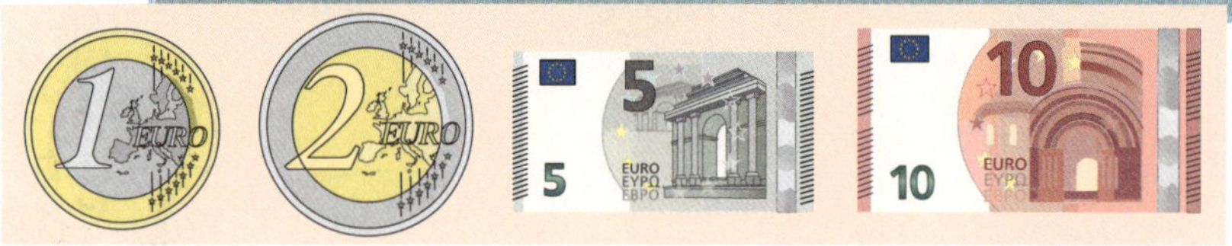

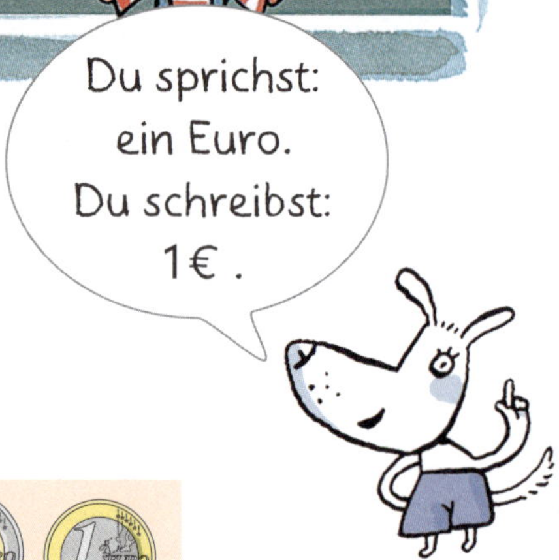

5 €   3 €   4 €   3 €   4 €

6 €   2 €   8 €

6 €   9 €   10 €

Du sprichst:
ein Euro.
Du schreibst:
1 € .

2 Lege. Finde verschiedene Möglichkeiten.

3 €   oder

 6 €    8 €    5 €    4 €

3 Bezahle auf verschiedene Weise.

6 €

1€	2€	5€
4	1	0

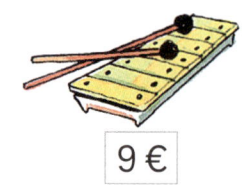

9 €

1€	2€	5€
0	2	1

1: Über Einkaufssituation sprechen, Euro-Münzen und Euro-Scheine einführen
2: Geldbeträge (Beilage) legen, verschiedene Möglichkeiten besprechen
3: Verschiedene Möglichkeiten legen

AH S. 34
ÜH S. 33

1 Legt immer 10 €. Findet alle Möglichkeiten.

2 Wie viel musst du bezahlen? Lege und rechne.

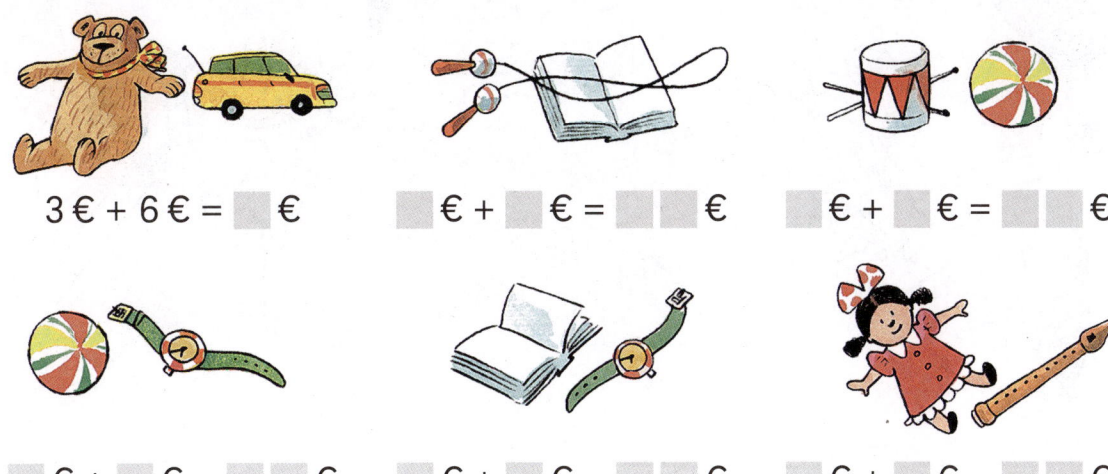

3 € + 6 € = ⬜ €   ⬜ € + ⬜ € = ⬜⬜ €   ⬜ € + ⬜ € = ⬜⬜ €

⬜ € + ⬜ € = ⬜⬜ €   ⬜ € + ⬜ € = ⬜⬜ €   ⬜ € + ⬜ € = ⬜⬜ €

3 Lege und rechne.

8 € + 1 € = ⬜ €   3 € + ⬜ € = 8 €   ⬜⬜ € + 2 € = 9 €

3 € + 3 € = ⬜ €   1 € + ⬜ € = 5 €   ⬜⬜ € + 4 € = 5 €

7 € – 4 € = ⬜ €   6 € – ⬜ € = 3 €   ⬜⬜ € – 6 € = 4 €

9 € – 6 € = ⬜ €   10 € – ⬜ € = 6 €   ⬜⬜ € – 9 € = 1 €

4 6 € + 2 € + 1 € = ⬜⬜ €   10 € – 6 € – 2 € = ⬜ €

3 € + 1 € + 6 € = ⬜⬜ €   9 € – 1 € – 2 € = ⬜ €

4 € + 0 € + 4 € = ⬜⬜ €   6 € – 2 € – 4 € = ⬜ €

2 € + 5 € + 2 € = ⬜⬜ €   7 € – 1 € – 5 € = ⬜ €

5 Was kannst du für 10 € kaufen?

2 bis 4: Vorgehensweise beim Lösen von Platzhalteraufgaben besprechen,
Platzhalter durch Legen und/oder rechnen finden
5: Preise recherchieren, Plakate oder Seiten anfertigen, analog oder digital

AH S. 35
ÜH S. 34   63

Würfel, Quader, Kugel

1 Welche Gegenstände haben die Formen von Würfeln ⬛,
Quadern ▭ und Kugeln ◯ ?

MERKE DIR

Würfel   Quader   Kugel

Würfel, Quader und Kugeln sind Körper.

2 Baut mit Würfeln,
Quadern und Kugeln.

3 Welche Körper können
rollen, stehen oder kippen?

4 Forme die Körper aus Knete.

5 Welche Gegenstände haben die Form von Würfeln, Quadern
und Kugeln? Klebe auf.

1: Alltagsgegenstände in den Unterricht mitbringen, den Körpern zuordnen
2 bis 4: Eigenschaften von Körpern entdecken
5: Eigenschaften wiedererkennen

AH S. 36
ÜH S. 35

Bauen mit Würfeln

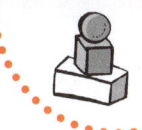

1 Baue nach und zähle.

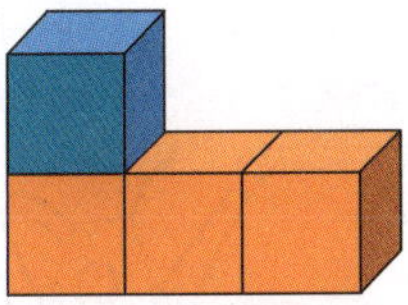

___ Würfel

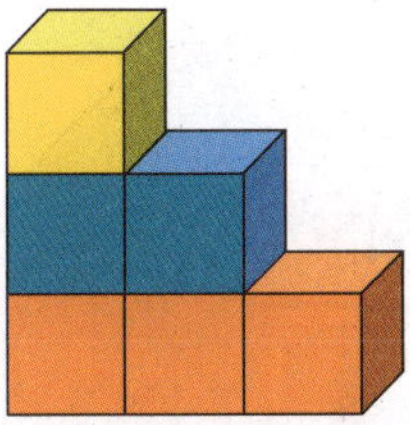

___ Würfel

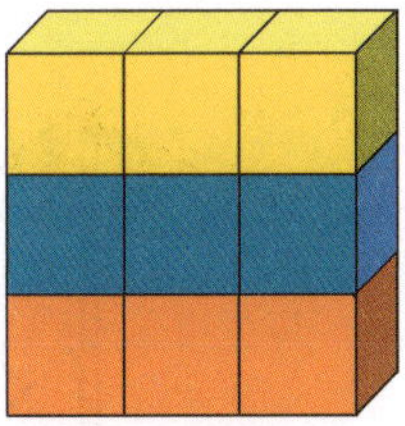

___ Würfel

2

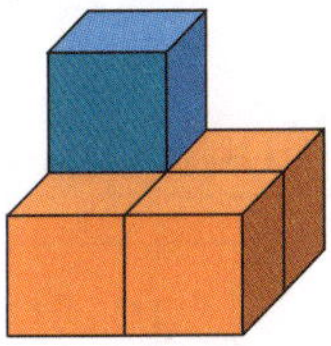

___ Würfel

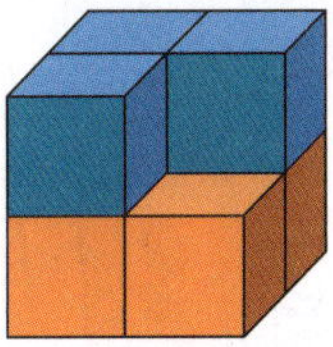

___ Würfel

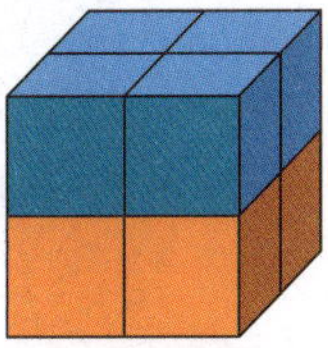

___ Würfel

3

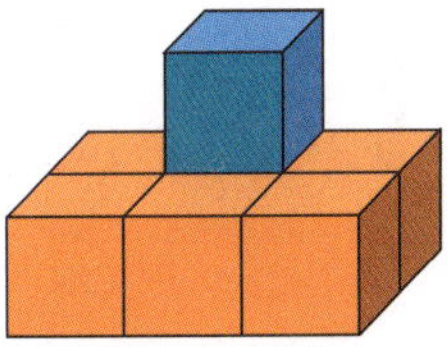

___ ___ Würfel

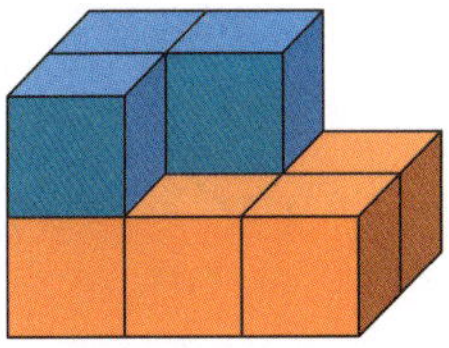

___ ___ Würfel

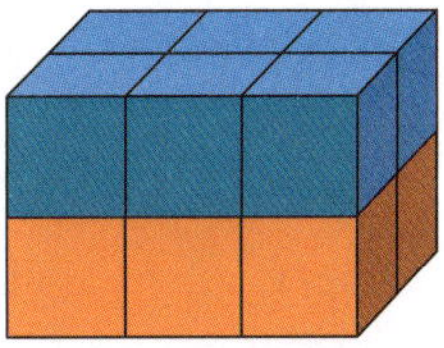

___ ___ Würfel

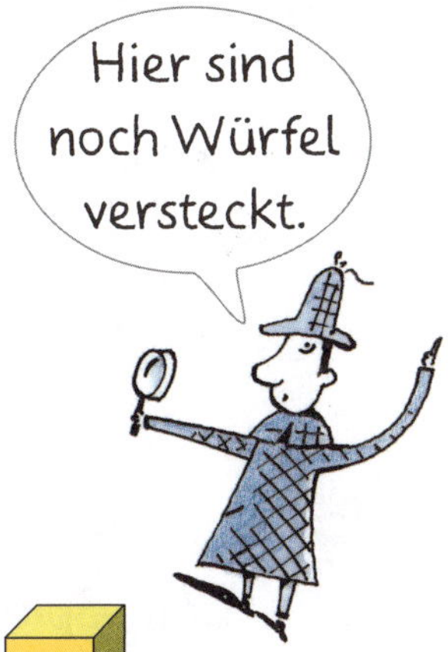
Hier sind noch Würfel versteckt.

4

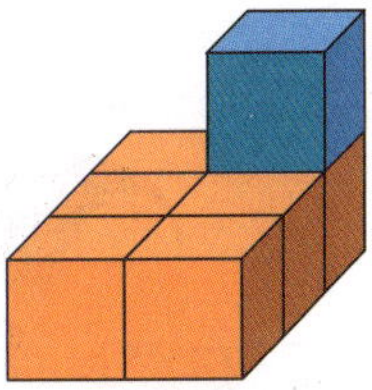

___ ___ Würfel

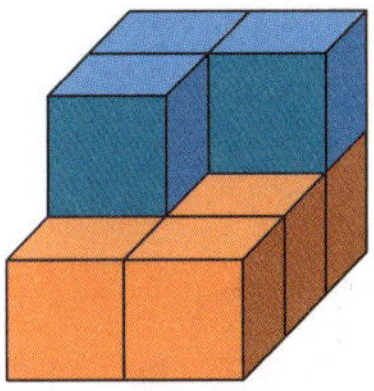

___ ___ Würfel

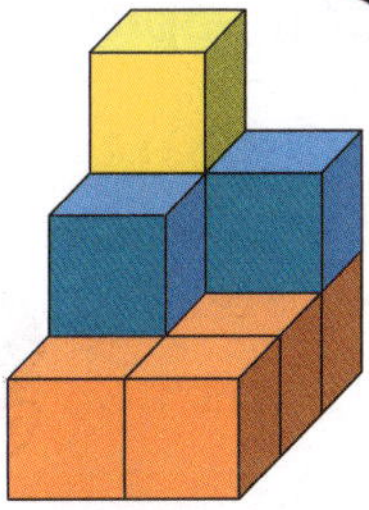

___ ___ Würfel

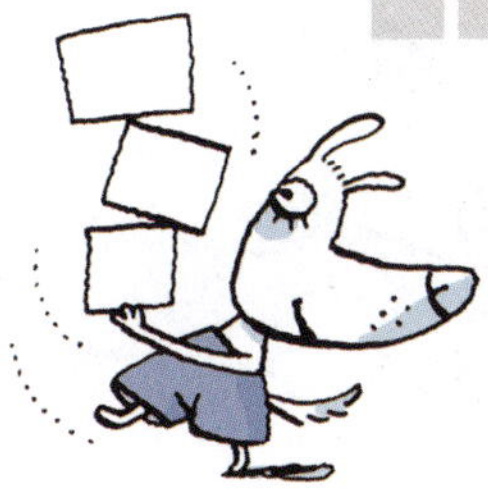

5 Baue immer mit 9 Würfeln.
Finde verschiedene Würfelbauten.

1 bis 4: Anzahlen der verwendeten Würfel durch Nachbauen bestimmen, verdeckte Würfel erkennen

AH S. 37
ÜH S. 36

Raumvorstellung

1 Wo sind die Kinder?

oben

links rechts

neben

innen außen

unten

Anna   Ben   Lisa   Amir   Mila   Max

2 Baut einen Spielplatz oder eine Stadt.
Stellt Spielfiguren auf. Beschreibt.

Neben dem Turm ist ein Spielhaus.

Meine Spielfigur steht oben auf dem Turm.

1: Standorte der Kinder beschreiben, Begriffe erläutern und verwenden
2: Bauwerke und Standorte der Spielfiguren beschreiben

ÜH S. 37

1 Beschreibt das Gebäude.

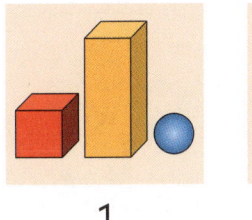 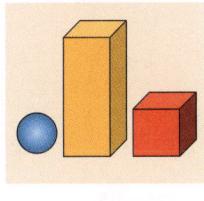 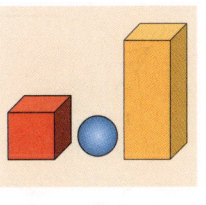

1　　　　　2　　　　　3

links

rechts

in der Mitte

2 Welches Bild passt zu den Gebäuden aus Aufgabe 1? Ordnet zu.

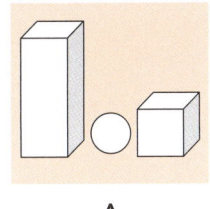 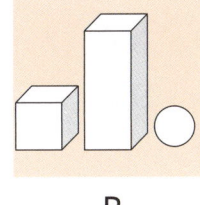 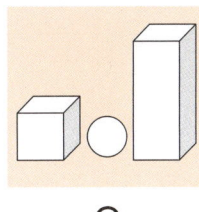 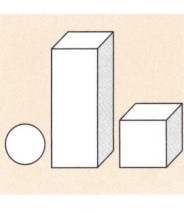 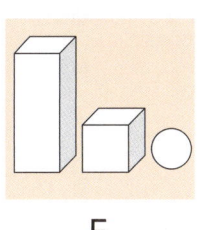

A　　　　B　　　　C　　　　D　　　　E

3 Wo befindet sich der blaue Würfel? Beschreibt.

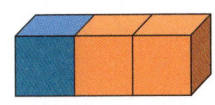 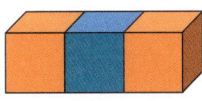 

 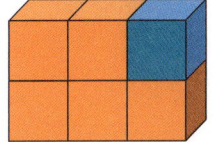 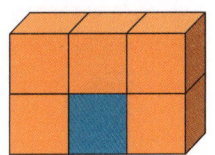 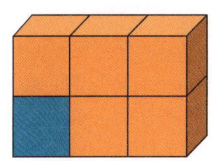

| vorn | — | hinten | — | oben | — | unten |

1: Reihenfolge der Körper erkennen, beschreiben, Begriffe verwenden
2: Reihenfolge der Körper im Bild wiedererkennen
3: Lage des Würfels beschreiben

AH S. 38
ÜH S. 37　**67**

1 Wie viel Geld ist in jedem Sparschwein?

☐☐ €   ☐☐ ct   ☐☐ €

2

6 ct + 3 ct = ☐ ct   7 € – ☐ € = 4 €   ☐ ct + 2 ct = 8 ct

4 ct – 4 ct = ☐ ct   1 € + ☐ € = 10 €   ☐ ct – 7 ct = 2 ct

7 € + 0 € = ☐ €   3 ct + ☐ ct = 9 ct   ☐ € + 5 € = 8 €

10 € – 6 € = ☐ €   4 ct – ☐ ct = 1 ct   ☐ € – 8 € = 1 €

3 Wie viele Quader siehst du? Zähle.

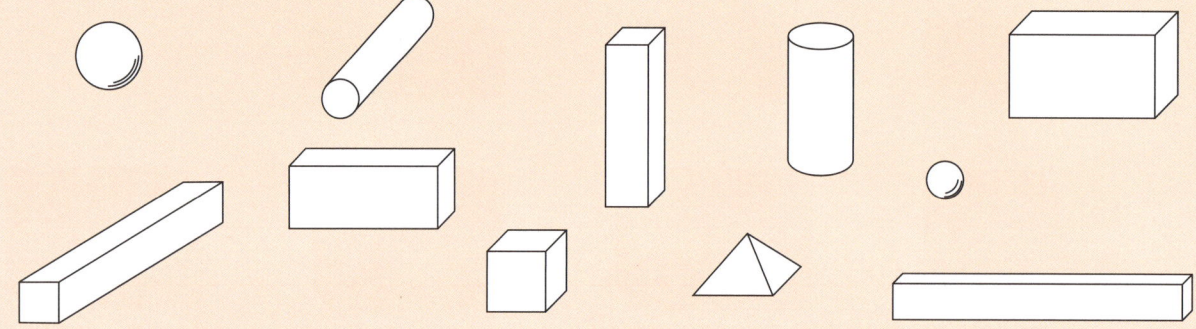

4 Wie viele Würfel sind es? Zähle.

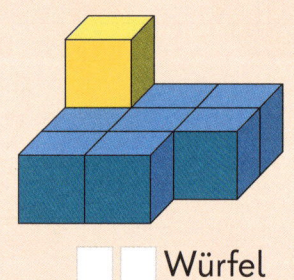

☐☐ Würfel   ☐☐ Würfel

FREUNDESEITE

Körper in deiner Umwelt

1 Gestaltet eine Ausstellung.

2 Beschreibe einem anderen Kind einen Körper im Fühlbeutel.

3 Baue mit Würfeln ⬜, Quadern ▭ und Kugeln ◯.
Ein anderes Kind baut nach.

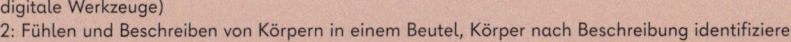

1: Ausstellung im Klassenraum gestalten (Alltagsgegenstände, Zeichnungen, Fotos, digitale Werkzeuge)
2: Fühlen und Beschreiben von Körpern in einem Beutel, Körper nach Beschreibung identifizieren

69

Die Zahlen von 11 bis 20

elf	zwölf	drei**zehn**	vier**zehn**	fünf**zehn**
11	12	13	14	15

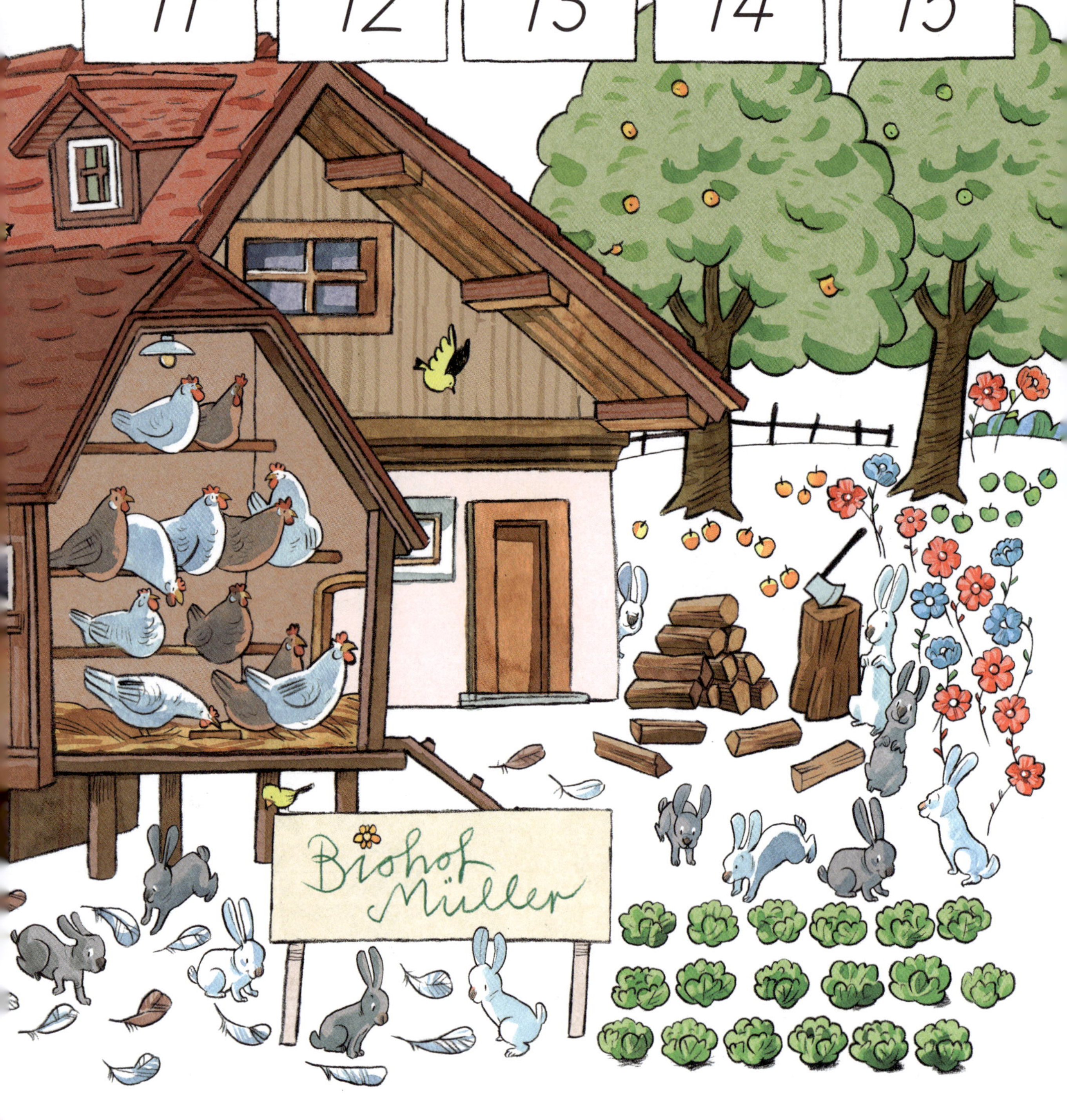

Bild beschreiben, dabei Lagebeziehungen wiederholen, zählen

sechzehn	siebzehn	achtzehn	neunzehn	zwanzig
16	17	18	19	20

1

10 + 5 = 1 5

10 5

10 + 7 = 1 7

10 7

fünfzehn

2

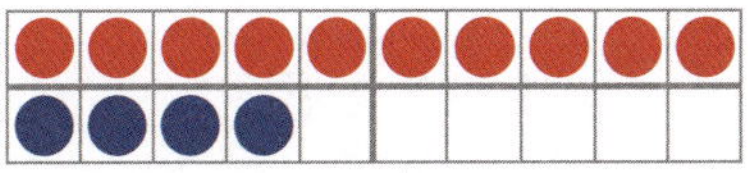

10 + ☐ = ☐☐

☐☐ + ☐ = ☐☐

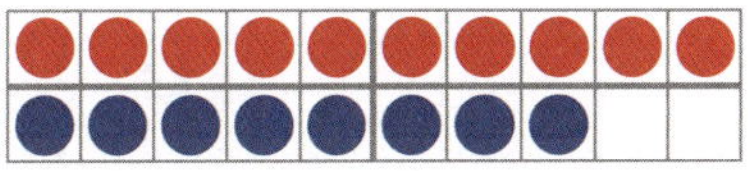

3

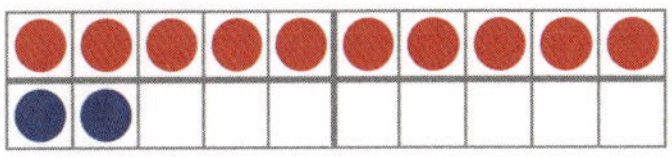

10 + ☐ = ☐☐   ☐☐ + ☐ = ☐☐   ☐☐ + ☐ = ☐☐

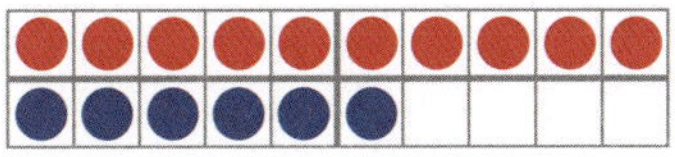

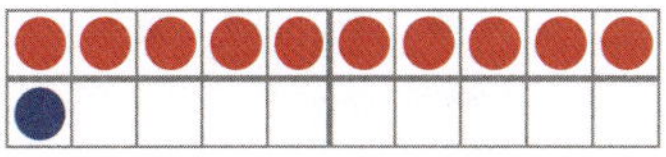

1: Zum Bild erzählen: Anzahlen erfassen, Zahlen mit Zahlenkarten (Beilage) legen, Zahlwortbildung besprechen (zuerst die Einer, dann die Zehner sprechen) 2: Situation nachspielen und das Bündeln handelnd erarbeiten, Zehner und Einer mit Plättchen im Zwanzigerfeld (Beilage) darstellen

AH S. 39
ÜH S. 38
71

Zehner und Einer

1

Zehner (Z)	Einer (E)
1	6

1 Zehner   6 Einer

10 + 6 = 16

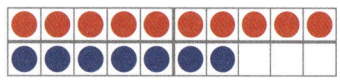   

10 + ▢ = ▢▢   ▢▢ + ▢ = ▢▢   ▢▢ + ▢▢ = ▢▢

Z	E

Z	E

Z	E

2

Z	E
1	9

Z	E
1	3

Z	E
1	1

10 + ▢ = ▢▢   ▢▢ + ▢ = ▢▢   ▢▢ + ▢ = ▢▢

Z	E
1	2

Z	E
1	8

Z	E
1	5

▢▢ + ▢ = ▢▢   ▢▢ + ▢ = ▢▢   ▢▢ + ▢ = ▢▢

3 Was gehört zusammen?

13   11   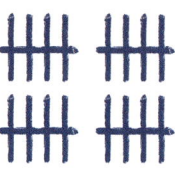   20

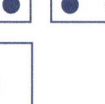

zwanzig   dreizehn   elf

1: Stellenwerttafel einführen, Darstellung der Aufgabe in die Stellenwerttafel übertragen
3: Zahlen von 10 bis 20 verschiedenen Zahldarstellungen zuordnen
Differenzierung: Zahldarstellungen zu weiteren Zahlen möglich

AH S. 40
ÜH S. 39

Orientieren in der Zwanzigertafel

1 Welche Zahlen sind versteckt?

1	2	♥	4	5	6	🙂	8	9	10
11	12	🌙	14	⭐	16	17	18	🌻	🍎

2

1	2	3→	4→	5↓	6	7	8	9	10
11	12	13	14	15→	16	17	18	19	20

3 → 4 → ☐ ↓ ☐ → 16

6 → ☐ → ☐ ↓ ☐ → ☐

☐ ← ☐ ← 14 ↑ ☐ → ☐ → ☐

☐ ← ☐ ↓ ☐ ← ☐ ← 7 ↓ ☐

3 Welche Zahlen fehlen?

1	2	3	4

12	13	14

4	5	6	

3		6

11		

6		
	17	

1: Zwanzigertafel (Beilage) einführen und über die Anordnung der Zahlen sprechen
2: Sich den Pfeilen entsprechend auf der Zwanzigertafel bewegen

AH S. 41
ÜH S. 40

73

Vergleichen und Ordnen der Zahlen bis 20

1

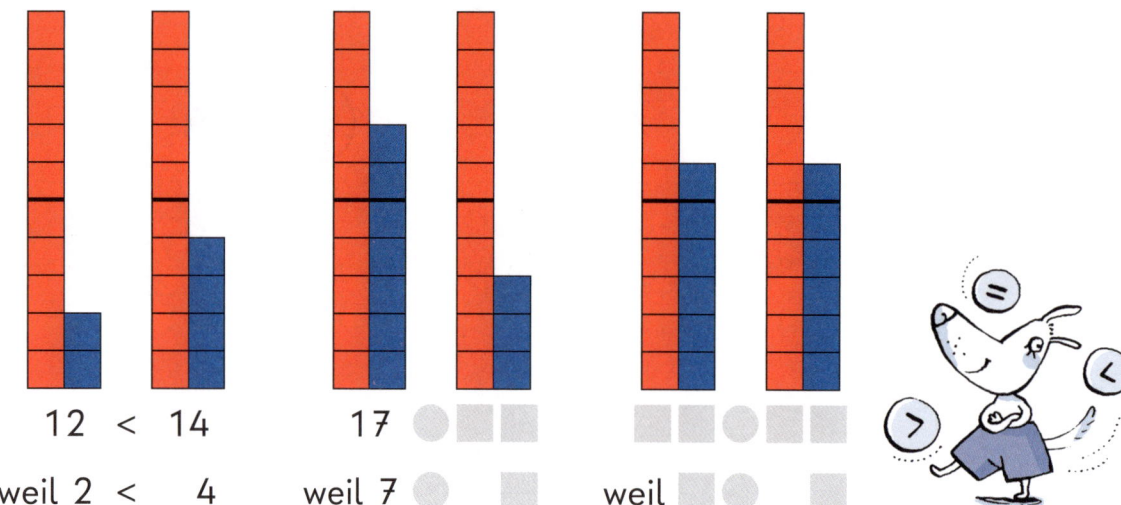

12 < 14   17 ⬤⬜⬜   ⬜⬜⬤⬜⬜

weil 2 < 4   weil 7 ⬤ ⬜   weil ⬜⬤ ⬜

2

20 ⬤ 15	15 ⬤ 5	19 ⬤ 19	11 ⬤ 10
14 ⬤ 14	12 ⬤ 8	13 ⬤ 3	6 ⬤ 9
16 ⬤ 18	9 ⬤ 19	16 ⬤ 8	0 ⬤ 10
17 ⬤ 10	7 ⬤ 11	9 ⬤ 14	17 ⬤ 17

3

		4	
17 > ⬜⬜	12 < ⬜⬜	18 > ⬜⬜	11 > ⬜⬜
17 > ⬜⬜	12 < ⬜⬜	15 < ⬜⬜	11 < ⬜⬜
17 > ⬜⬜	12 < ⬜⬜	13 < ⬜⬜	14 < ⬜⬜
17 > ⬜⬜	12 < ⬜⬜	19 > ⬜⬜	16 > ⬜⬜

5 Ordne. Beginne mit der kleinsten Zahl.

16	10	12	17	13
E	T	I	R	G

6 Ordne. Beginne mit der größten Zahl.

17	10	11	19	14
A	E	Z	K	T

1: Bedeutung der Relationszeichen wiederholen   5 und 6: Zahlen der Größe nach ordnen und
entsprechendem Buchstaben zuordnen, Lösungswort finden

AH S.42
ÜH S.41

Vorgänger und Nachfolger

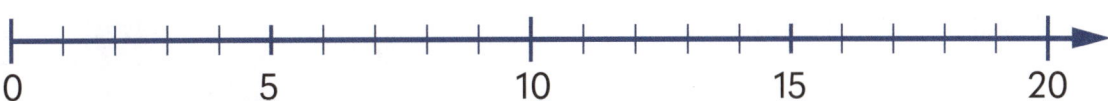

0   5   10   15   20

1 Zählt bis 20 und zurück.

2 Zeigt am Zahlenstrahl.

| 4 | 13 | 18 | 11 | 7 | 19 | 8 |

3 Zählt weiter.

| 2 | 4 | 6 | ... | | 3 | 6 | 9 | ... |

4

5

V	Z	N
	14	
	17	
	16	

V	Z	N
17		
10		
18		

6

V	Z	N
		13
		16
		19

V	Z	N
		11
		20
		17

7 Welche Zahlen liegen zwischen 13 und 17?

Welche Zahlen liegen zwischen 11 und 16?

Welche Zahlen liegen zwischen 17 und 20?

8 Zwischen ☐☐ und ☐☐ liegen die Zahlen 13, 14 und 15.

Gerade und ungerade Zahlen

1 Baue nach. Was fällt dir auf?

| 0 | 1 | 2 | 3 | 4 | 5 | | | |

Mila: 4 ist eine gerade Zahl.

Amir: 3 ist eine ungerade Zahl.

2 Wie viele sind es?
Gerade Zahl oder ungerade Zahl?

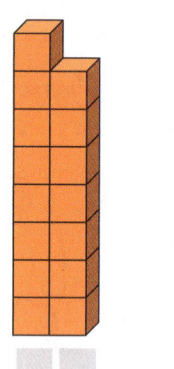

3 Entscheide, gerade Zahl oder ungerade Zahl? Begründe.

| 12 | 3 | 7 | 9 |

Leo

4

| 0 | 1 | 2 | 3 | 4 | 5 | 6 | 7 | 8 | 9 | 10 | 11 | 12 | 13 | 14 | 15 | 16 | 17 | 18 | 19 | 20 |

Schreibe die geraden Zahlen grün auf.

| 0 | 2 | | | | |

Schreibe die ungeraden Zahlen orange auf.

| 1 | 3 | | | | |

1: Türme nachbauen, erkennen, dass ungerade Zahlen mit einem einzelnen Stein enden,
über die Darstellung mit dem Stift sprechen   3: Bei Bedarf Türme bauen

AH S. 44
ÜH S. 43

Addieren ohne Zehnerübergang

1

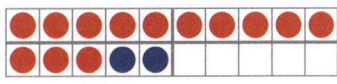

13 + 2 = 15

weil 3 + 2 = 5

Die kleine Aufgabe hilft.

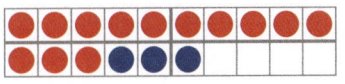

13 + 3 = ☐☐

weil 3 + 3 = ☐

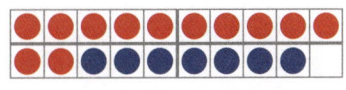

12 + 7 = ☐☐

weil 2 + 7 = ☐

14 + 3 = ☐☐

weil 4 + 3 = ☐

2

7 + 2 = ☐

17 + 2 = ☐☐

3 + 6 = ☐

13 + ☐ = ☐☐

4 + 4 = ☐

14 + 4 = ☐☐

1 + 7 = ☐

☐☐ + ☐ = ☐☐

6 + 1 = ☐

16 + 1 = ☐☐

5 + 4 = ☐

☐☐ + ☐ = ☐☐

3

4 + 5

14 + 5 = ☐☐

10 + 4 = ☐☐

16 + 3 = ☐☐

13 + 2 = ☐☐

11 + 2 = ☐☐

19 + 1 = ☐☐

12 + 3 = ☐☐

13 + 6 = ☐☐

17 + 2 = ☐☐

12 + 5 = ☐☐

13 + 4 = ☐☐

12 + 8 = ☐☐

4

14 + ☐ = 16

12 + ☐ = 20

11 + ☐ = 14

13 + ☐ = 19

☐ + 16 = 18

☐ + 11 = 17

☐ + 17 = 20

☐ + 15 = 19

Tauschaufgaben

1

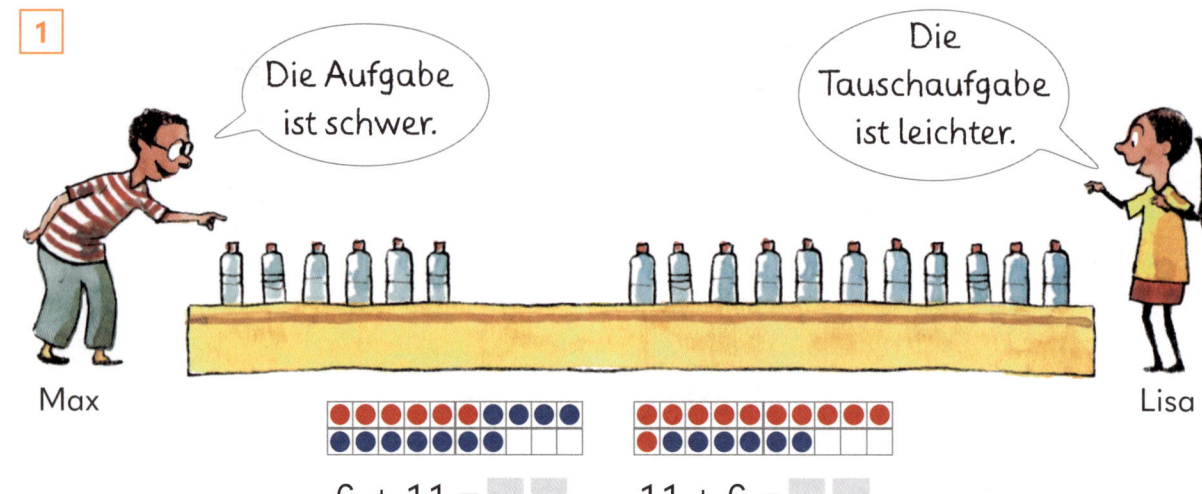

Die Aufgabe ist schwer.

Die Tauschaufgabe ist leichter.

Max

Lisa

6 + 11 = ☐☐   11 + 6 = ☐☐

2 Lege und rechne.

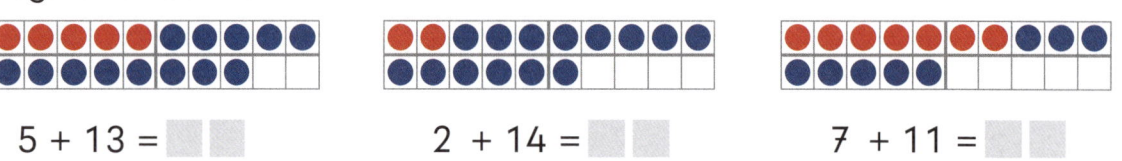

5 + 13 = ☐☐   2 + 14 = ☐☐   7 + 11 = ☐☐
13 + 5 = ☐☐   ☐☐ + ☐ = ☐☐   ☐☐ + ☐ = ☐☐

3 Rechne Aufgabe und Tauschaufgabe.

1 + 14 = ☐☐   7 + 12 = ☐☐

4 + 13 = ☐☐   3 + 16 = ☐☐

5 + 12 = ☐☐   2 + 16 = ☐☐

0 + 18 = ☐☐   4 + 14 = ☐☐

| 1 + 14 = 1 5 |
| 14 + 1 = 1 5 |

4

15 + 2

2 + 15 = ☐☐   11 + 2 = ☐☐   2 + 17 = ☐☐

8 + 11 = ☐☐   9 + 10 = ☐☐   6 + 14 = ☐☐

13 + 6 = ☐☐   8 + 11 = ☐☐   3 + 14 = ☐☐

5 + 14 = ☐☐   7 + 13 = ☐☐   11 + 4 = ☐☐

Begriff „Tauschaufgabe" wiederholen
1 bis 3: Zusammenhang zwischen Aufgabe und Tauschaufgabe erkennen
4: Tauschaufgabe als Lösungshilfe anwenden

AH S. 46
ÜH S. 45

Addieren ohne Zehnerübergang – Übungen

1

13 + 6 = ☐☐	8 + 12 = ☐☐	4 + 16 = ☐☐	0 + 13 = ☐☐
12 + 5 = ☐☐	14 + 0 = ☐☐	7 + 12 = ☐☐	8 + 11 = ☐☐
11 + 4 = ☐☐	4 + 15 = ☐☐	6 + 12 = ☐☐	2 + 15 = ☐☐
11 + 9 = ☐☐	12 + 6 = ☐☐	3 + 14 = ☐☐	5 + 14 = ☐☐

2

+	3	5	6
12			
14			

+	3	4	2
13			
16			

3

+		3	
11	13		
15			20

4 Die Summanden sind 16 und 4.
Berechne die Summe.

5 Rechne. Was fällt dir auf?

12 + 0 = ☐☐	3 + 11 = ☐☐	7 + 12 = ☐☐
12 + 1 = ☐☐	4 + 11 = ☐☐	6 + 12 = ☐☐
12 + 2 = ☐☐	5 + 11 = ☐☐	5 + 12 = ☐☐
12 + 3 = ☐☐	6 + 11 = ☐☐	4 + 12 = ☐☐

Was passiert mit dem 1.Summanden?

| 1. Summand |—| 2. Summand |—| Summe |

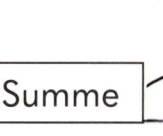

6

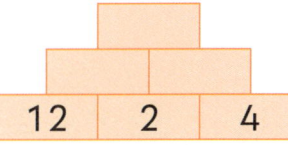
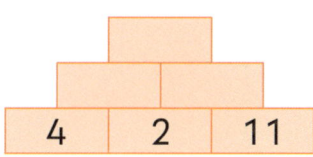
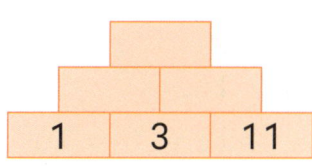

Subtrahieren ohne Zehnerübergang

1

18 – 3 = 15

weil 8 – 3 = 5

Die kleine Aufgabe hilft.

15 – 4 = ☐☐
weil 5 – 4 = ☐

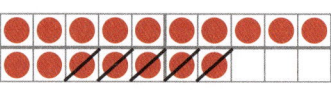

17 – 5 = ☐☐
weil 7 – 5 = ☐

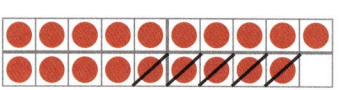

19 – 5 = ☐☐
weil 9 – 5 = ☐

2

8 – 4 = ☐
18 – 4 = ☐☐

6 – 5 = ☐
16 – 5 = ☐☐

4 – 2 = ☐
14 – 2 = ☐☐

6 – 3 = ☐
16 – ☐ = ☐☐

8 – 6 = ☐
☐☐ – ☐ = ☐☐

9 – 8 = ☐
☐☐ – ☐ = ☐☐

7 – 2

3

17 – 2 = ☐☐
14 – 3 = ☐☐
16 – 3 = ☐☐
13 – 3 = ☐☐

17 – 6 = ☐☐
12 – 2 = ☐☐
15 – 4 = ☐☐
18 – 3 = ☐☐

16 – 4 = ☐☐
18 – 5 = ☐☐
16 – 2 = ☐☐
19 – 6 = ☐☐

4

14 – ☐ = 12
19 – ☐ = 16

17 – ☐ = 11
20 – ☐ = 19

☐☐ – 4 = 15
☐☐ – 8 = 12

☐☐ – 5 = 13
☐☐ – 2 = 17

1: Von der kleinen, bekannten Aufgabe auf die neue Aufgabe schließen

AH S. 47
ÜH S. 46

Umkehraufgaben

1

18 − 2 = ▢▢

16 + 2 = ▢▢

2 Lege und rechne.

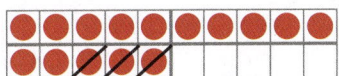

15 − 3 = ▢▢   ▢▢ − ▢ = ▢▢   ▢▢ − ▢ = ▢▢

12 + 3 = ▢▢   ▢▢ + ▢ = ▢▢   ▢▢ + ▢ = ▢▢

3 Rechne Aufgabe und Umkehraufgabe.

18 − 3 = ▢▢	17 − 4 = ▢▢	13 − 2 = ▢▢	18 − 3 = 15
14 − 2 = ▢▢	20 − 1 = ▢▢	17 − 6 = ▢▢	15 + 3 = 18
12 + 6 = ▢▢	15 + 4 = ▢▢	17 + 3 = ▢▢	
16 + 3 = ▢▢	11 + 8 = ▢▢	13 + 6 = ▢▢	

4 Rechne. Kontrolliere mit der Umkehraufgabe.

14 − 3 = ▢▢   (11 + 3)      17 − 3 = ▢▢

17 − 5 = ▢▢   20 − 8 = ▢▢

19 − 8 = ▢▢   15 − 2 = ▢▢

16 − 3 = ▢▢   11 − 0 = ▢▢

1: Addition und Subtraktion im Zwanzigerfeld (Beilage) darstellen, Zusammenhang zwischen Addition und Subtraktion wiederholen

AH S. 48
ÜH S. 47   81

Addieren und Subtrahieren ohne Zehnerübergang

1 3 + 14 = ☐☐   13 – 2 = ☐☐   **2** 3 + ☐☐ = 17   ☐☐ – 2 = 11
    5 + 12 = ☐☐   17 – 3 = ☐☐   5 + ☐☐ = 17   ☐☐ – 3 = 12
    6 + 10 = ☐☐   18 – 6 = ☐☐   6 + ☐☐ = 16   ☐☐ – 2 = 18
    4 + 14 = ☐☐   18 – 0 = ☐☐   4 + ☐☐ = 18   ☐☐ – 0 = 14

3

+	3	5	6
14			
12			

–	3	4	2
16			
14			

4

–		3
17	13	
15		14

5

16
10 + ☐
12 + ☐
14 + ☐
16 + ☐

18
☐☐ + 1
☐☐ + 4
☐☐ + 7
☐☐ + 8

6

15
1 2 + ☐
☐☐ + 4
10 + ☐
☐☐ + 1

14
☐☐ + 4
1 2 + ☐
1 4 + ☐
☐☐ + 1

7 Die Summanden sind 12 und 4. Berechne die Summe.

8 Berechne die Differenz aus 18 und 7.

9

Meine Zahl ist größer als 12 + 4 und kleiner als 18.

Meine Zahl ist größer als 14 + 1 und kleiner als 19 – 2.

Mila

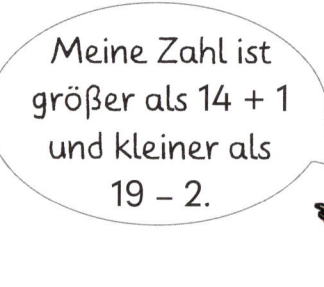

Max

1

5 + 14 = ▪▪	14 – 2 = ▪▪	15 + 4 = ▪▪	16 – 6 = ▪▪
3 + 15 = ▪▪	19 – 3 = ▪▪	17 – 5 = ▪▪	11 + 6 = ▪▪
4 + 14 = ▪▪	16 – 5 = ▪▪	13 + 4 = ▪▪	16 + 4 = ▪▪
0 + 19 = ▪▪	19 – 7 = ▪▪	15 – 0 = ▪▪	12 – 2 = ▪▪

2

▪▪ + 5 = 15	13 = ▪▪ – 6
▪▪ + 3 = 14	18 = ▪▪ – 2
▪▪ + 7 = 18	16 = ▪▪ + 3
▪▪ + 5 = 20	15 = ▪▪ + 4

Die Umkehraufgabe hilft.

3

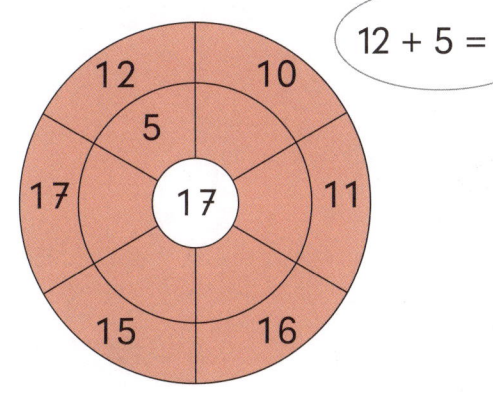

12 + 5 = 17

4

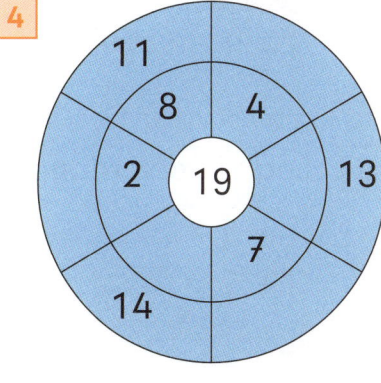

5 Rechne. Was fällt dir auf?

17 – 2 = ▪▪	18 – 2 = ▪▪	18 – 0 = ▪▪
17 – 3 = ▪▪	17 – 2 = ▪▪	18 – 2 = ▪▪
17 – 4 = ▪▪	16 – 2 = ▪▪	18 – 4 = ▪▪
17 – 5 = ▪▪	15 – 2 = ▪▪	18 – 6 = ▪▪

Was passiert mit dem Minuenden?

Minuend — Subtrahend — Differenz

Verdoppeln

1

Das Doppelte von 4 ist 8.

Mila

Ben

$4 + 4 = \boxed{}$

2 Verdopple.

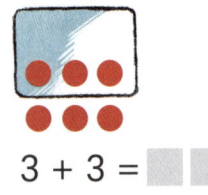

$3 + 3 = \boxed{}\boxed{}$

$5 + \boxed{} = \boxed{}\boxed{}$

$\boxed{} + \boxed{} = \boxed{}\boxed{}$

3 Lege und verdopple.

$1 + 1 = \boxed{}\boxed{}$
$2 + 2 = \boxed{}\boxed{}$
$3 + \boxed{} = \boxed{}\boxed{}$
$4 + \boxed{} = \boxed{}\boxed{}$
$5 + \boxed{} = \boxed{}\boxed{}$

Klara

$6 + \boxed{}\boxed{} = \boxed{}\boxed{}$
$7 + \boxed{}\boxed{} = \boxed{}\boxed{}$
$8 + \boxed{}\boxed{} = \boxed{}\boxed{}$
$9 + \boxed{}\boxed{} = \boxed{}\boxed{}$
$10 + \boxed{}\boxed{} = \boxed{}\boxed{}$

4 Verdopple.

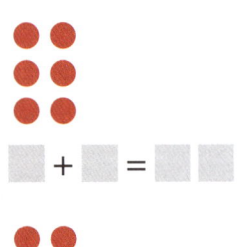

$\boxed{} + \boxed{} = \boxed{}\boxed{}$

$\boxed{} + \boxed{} = \boxed{}\boxed{}$

$\boxed{} + \boxed{} = \boxed{}\boxed{}$

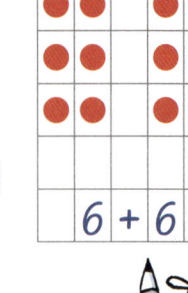

$6 + 6 = 12$

$\boxed{} + \boxed{} = \boxed{}\boxed{}$

$\boxed{} + \boxed{} = \boxed{}\boxed{}$

$\boxed{} + \boxed{} = \boxed{}\boxed{}$

1: Situation nachspielen, Spiegel oder Plättchen (Beilage) nutzen;
Aufgabe als Addition mit zwei gleichen Summanden erfassen
Differenzierung: Eigene Verdopplungen legen

AH S. 51
ÜH S. 50

Halbieren

1

Für jeden die Hälfte.

Die Hälfte von 4 ist 2.

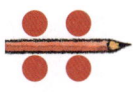

$4 = 2 +$ ▢

Anna

Amir

2 Halbiere.

$6 = 3 +$ ▢

$10 =$ ▢ $+$ ▢

▢ $=$ ▢ $+$ ▢

3 Lege und halbiere.

Zahl	2	4	6	8	10	12	14	16	18	20
die Hälfte										

4 Lege und halbiere.

$2 = 1 +$ ▢ $20 =$ ▢ $+$ ▢

$4 =$ ▢ $+$ ▢ $6 =$ ▢ $+$ ▢

$18 =$ ▢ $+$ ▢ $14 =$ ▢ $+$ ▢

$10 =$ ▢ $+$ ▢ $16 =$ ▢ $+$ ▢

Leo

5

Kann ich 5 halbieren?

Max

Lisa

1: Situation nachspielen, mit einem Stift vorgegebene Menge in zwei gleich große Mengen teilen (halbieren)
5: Situation nachspielen, verschiedene Möglichkeiten zulassen

AH S. 51
ÜH S. 50
85

Sachaufgaben – Gleichungen zuordnen

1 Welche Aufgabe passt zum Bild? Erzählt.

$8 + 1 = $ ▢▢
$5 + 3 = $ ▢▢
$8 - 2 = $ ▢▢
$5 - 3 = $ ▢▢

$4 - 2 = $ ▢▢
$6 + 2 = $ ▢▢
$4 + 2 = $ ▢▢
$9 - 3 = $ ▢▢

2 Welches Bild passt zur Aufgabe? Erzählt.

$8 - 3 = $ ▢

$4 + 3 + 2 = $ ▢▢

1: Passende Aufgabe zu dem Bild finden und begründen; Sachverhalt nacherzählen
2: Passendes Bild zur Aufgabe finden und begründen, warum das andere Bild nicht passt

AH S. 52
ÜH S. 51

Sachaufgaben – Fragen beantworten

1 Ich weiß:

Ich frage: Wie viele Kinder spielen zusammen?

Ich rechne: 

Ich antworte: ▢▢ Kinder spielen zusammen.

---

2 Ich weiß:

Ich frage: Wie viele Bälle sind es zusammen?

Ich rechne: ▢▢ ⬤ ▢▢ = ▢▢

Ich antworte: ▢▢ Bälle sind es zusammen.

---

3 Ich weiß:

▢ Kinder sind im Wasser.

▢ Kinder sind nicht im Wasser.

Ich frage: Wie viele Kinder sind im Freibad?

Ich rechne: ▢ ⬤ ▢ = ▢▢

Ich antworte: ▢▢ Kinder sind im Freibad.

BIST DU FIT?

1

10 + ☐ = ☐☐   ☐☐ + ☐ = ☐☐   ☐☐ + ☐ = ☐☐

2

0 ☐   ☐ 5   ☐ ☐ 10 ☐ ☐   ☐ ☐   ☐ ☐ 20

3

14 ◯ 10	10 ◯ 10
20 ◯ 16	8 ◯ 18
9 ◯ 11	19 ◯ 8
15 ◯ 15	12 ◯ 17

4

V	Z	N
	13	
	19	
		17

5 Ordne. Beginne mit der kleinsten Zahl.

18	2	11	6	15
R	S	P	U	E

6 Ordne. Beginne mit der größten Zahl.

17	4	16	1	12
P	M	R	A	I

7

14 + 6 = ☐☐   20 − 8 = ☐☐   15 + 3 = ☐☐   15 − 0 = ☐☐

12 + 5 = ☐☐   14 − 3 = ☐☐   18 − 6 = ☐☐   9 + 11 = ☐☐

3 + 13 = ☐☐   17 − 7 = ☐☐   14 + 3 = ☐☐   19 − 8 = ☐☐

8

die Zahl	2	4	6	8	10
das Doppelte					

die Zahl	20	16	14	10	8
die Hälfte					

Aufgaben als Rückmeldung über den Leistungsstand nutzen
KV 11 (HRU) nutzen

PH S. 7 und 8

FREUNDESEITE

Zahlen in deiner Umwelt

1 Fotografiere Hausnummern in deiner Umgebung.

2 Wo wohnen Ben, Lisa und Amir?

3 Finde die fehlenden Hausnummern.

4 Lege ein Plättchen auf eine Hausnummer.
Ein anderes Kind nennt die verdeckte Zahl.

5 Wo wohnen die Kinder?

Meine Hausnummer ist gerade. Ich wohne zwischen Amir und Lisa.

Max

Meine Hausnummer ist gerade. Sie ist größer als 16 und kleiner als 20.

Mila

6 Denke dir selbst solche Rätsel aus.

Geldwerte bis 20 Euro

1 Ordne.

> Ich beginne mit 1 Cent.

2

| ☐☐ ct | ☐☐ ct | ☐☐ € | ☐☐ € |

3 Lege. Finde verschiedene Möglichkeiten.

14 ct   12 ct   19 ct   20 €   13 €   17 €

4 Lege mit so wenig Scheinen und Münzen wie möglich.

15 ct   18 ct   20 ct   11 €   19 €   16 €

5 Wer hat das meiste Geld gespart?

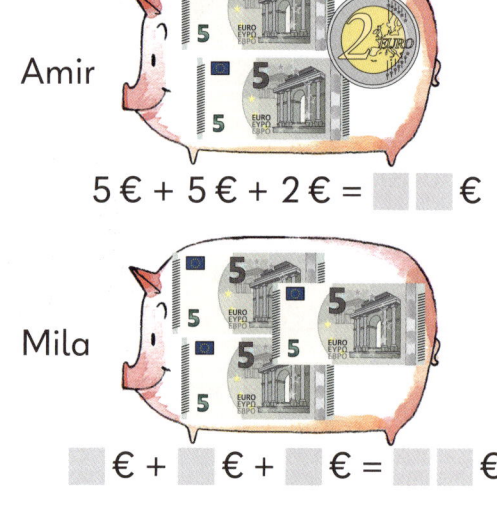

Amir

5 € + 5 € + 2 € = ☐☐ €

Lisa

☐ € + 2 € + 2 € = ☐☐ €

Mila

☐ € + ☐ € + ☐ € = ☐☐ €

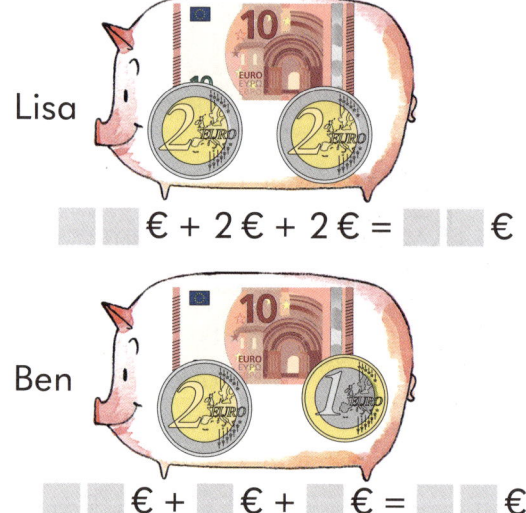

Ben

☐ € + ☐ € + ☐ € = ☐☐ €

1: Münzen und Scheine benennen, neue Scheine identifizieren
2: Geldbeträge durch Nachlegen (Beilage) oder Rechnen ermitteln
3: Legen und verschiedene Möglichkeiten besprechen

AH S. 53
ÜH S. 52

1

Ich kaufe	Ich gebe	Ich bekomme zurück
9 €	10	10 € – 9 € = ▢ ▢ €
8 €	5 5	▢ ▢ € – ▢ € = ▢ ▢ €
4 €	20	▢ ▢ € – ▢ € = ▢ ▢ €
7 €	20	▢ ▢ € – ▢ € = ▢ ▢ €

2

Richtig ⓡ oder falsch ⓕ ?

Lisa hat für 6 € eingekauft. Sie bezahlt mit 20.

Sie bekommt zurück:

3

8 € + 2 € = ▢ ▢ €   12 ct + 6 ct = ▢ ▢ ct   14 € – 3 € = ▢ ▢ €

5 € + 4 € = ▢ ▢ €   17 ct + 2 ct = ▢ ▢ ct   19 € – 9 € = ▢ ▢ €

11 € + 8 € = ▢ ▢ €   20 ct – 7 ct = ▢ ▢ ct   18 € – 5 € = ▢ ▢ €

4

10 € + 3 € + 6 € = ▢ ▢ €

20 € – 5 € – 3 € = ▢ ▢ €

18 ct – 8 ct – 2 ct = ▢ ▢ ct

5

▢ ▢ € – 3 € – 2 € = 12 €

▢ ▢ ct + 6 ct + 3 ct = 20 ct

1 8 € – ▢ € – 4 € = 10 €

Als Hilfe Geld (Beilage) nutzen
1: Differenzierung: Verschiedene Möglichkeiten des Wechselgelds bestimmen
2: Differenzen berechnen, vergleichen und entscheiden

AH S. 54
ÜH S. 53   91

Dreieck, Viereck, Kreis

1

2 Sortiere.

| Dreiecke | Viereck | Kreise |

MERKE DIR

Dreiecke   Vierecke   Kreise

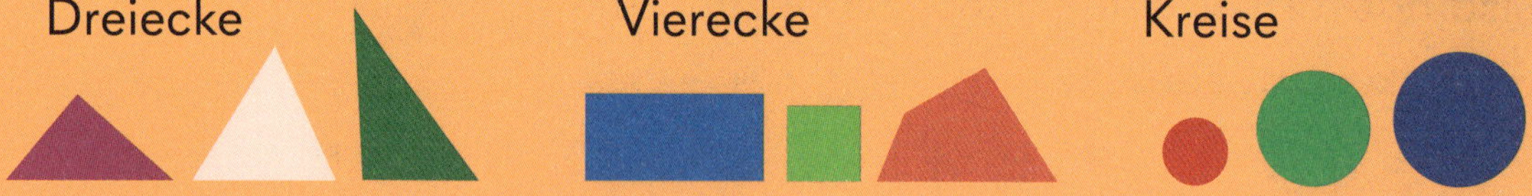

Dreiecke, Vierecke und Kreise sind ebene Figuren.

3 Lege Bilder mit ebenen Figuren.

Lege die Figuren immer aneinander.

4 Lege nach.
Wie viele Dreiecke, Vierecke und Kreise sind es?

92

1: Ebene Figuren auf vielfältige Weise darstellen
2: Ebene Figuren (Beilage) wiedererkennen und sortieren
4: Figuren nachlegen und Anzahlen bestimmen

AH S. 55

1

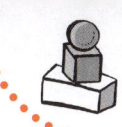

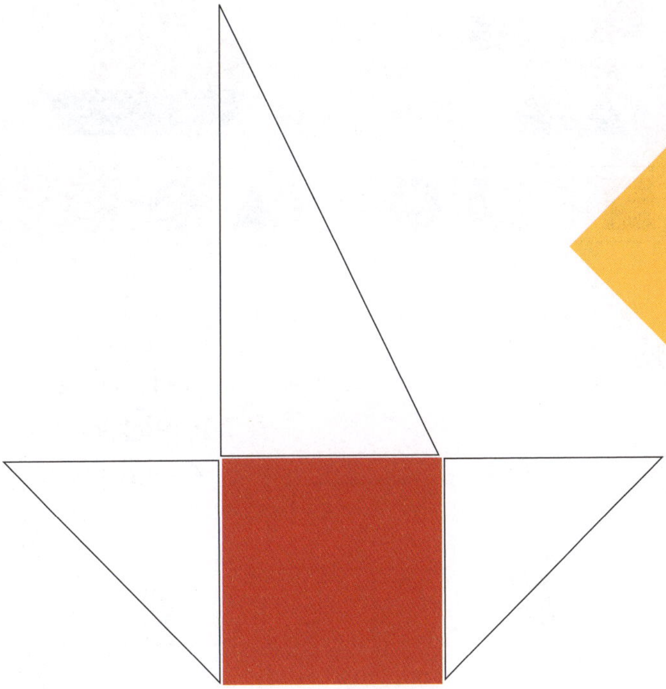

2

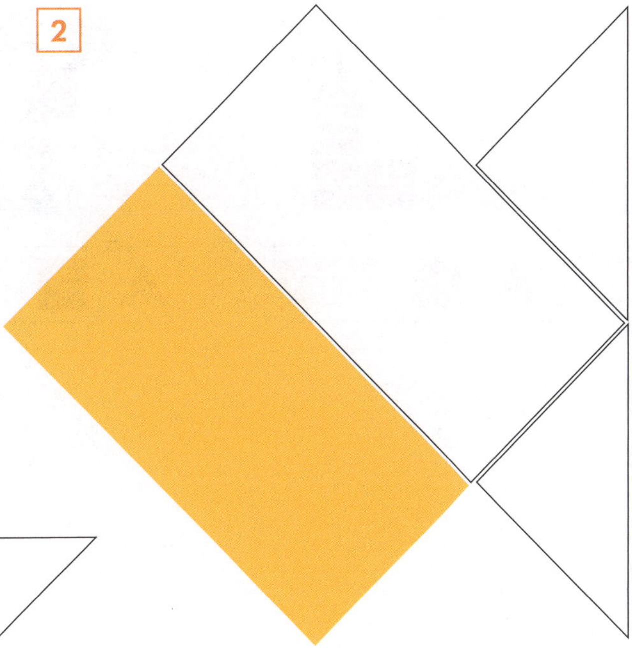

3

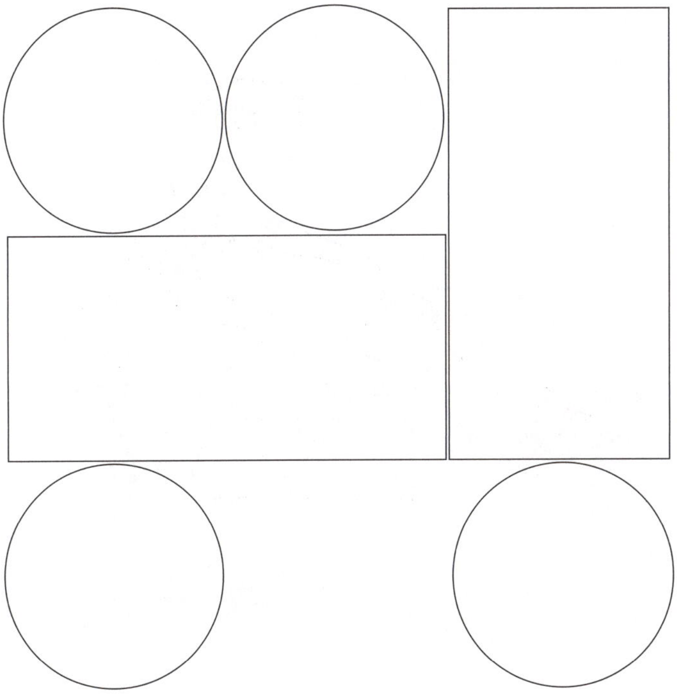

4

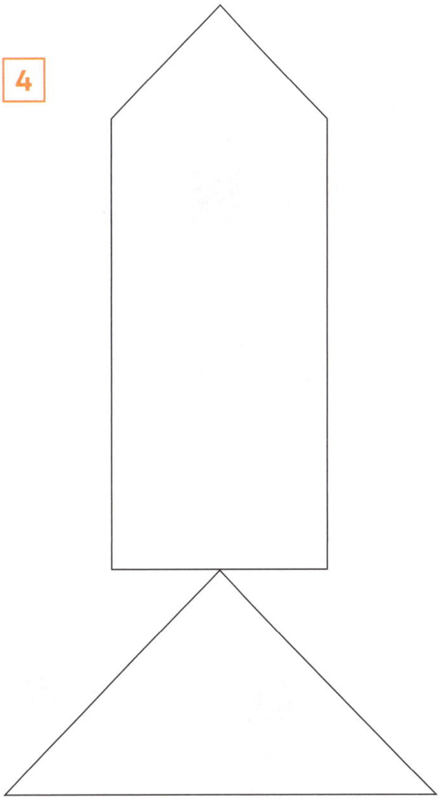

Figuren mithilfe des Materials (Beilage) auslegen

AH S. 55
ÜH S. 54

Figuren legen

1 Lege nach. Zähle.

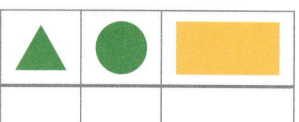

2 Legt.

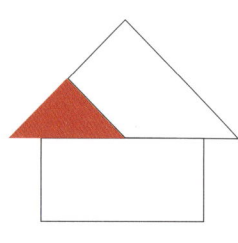

Wie viele Möglichkeiten findet ihr?

3 Lege mit diesen Figuren.

▲	■	▬
2	2	1

▲	■	▬	▲
2	1	1	3

◿	▬	▲	■
4	2	6	1

■	▬	●	◿
2	1	2	2

▬	▲	●	▲
3	4	4	2

1: Figuren (Beilage) legen und Anzahlen bestimmen
2: Über verschiedene (alle) Möglichkeiten sprechen
3: Figuren nach Vorgabe legen und vergleichen

AH S. 55 und 56
ÜH S. 54

1 Lege Dreiecke und Vierecke mit Stäbchen.

2 Lege Häuser, die aus Dreiecken und Vierecken bestehen.

3 Lege nach.

4 Lege die Muster und setze sie fort.

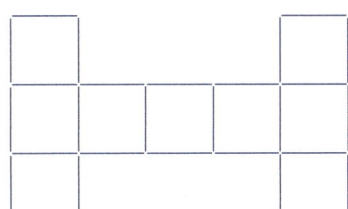

5 Erfinde selbst Muster.

Falten

1 Falte ein Buch.

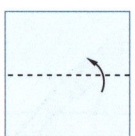 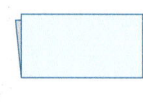 

2 Falte aus dem Buch ein Taschentuch.

3 Falte aus dem Buch einen Schrank.

 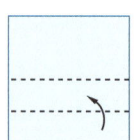 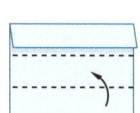 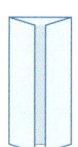

4 Falte ein Tuch.

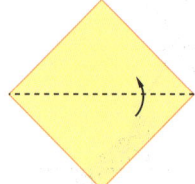 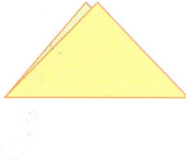

Immer Ecke auf Ecke, Kante auf Kante falten!

5 Falte aus dem Tuch einen Drachen.

 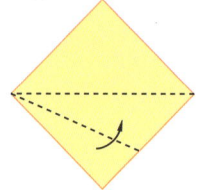 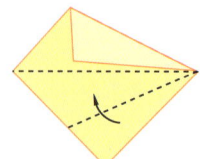 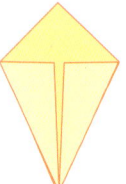

6 Falte eine Katze.

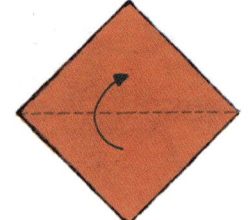 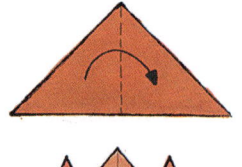 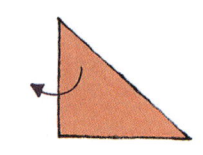 

Figuren nach Schrittfolge falten, auf genaues Falten achten

Geobrett

1 Spanne verschiedene Figuren.

Lisa

Ben

Max

Klara

2 Spanne nach.

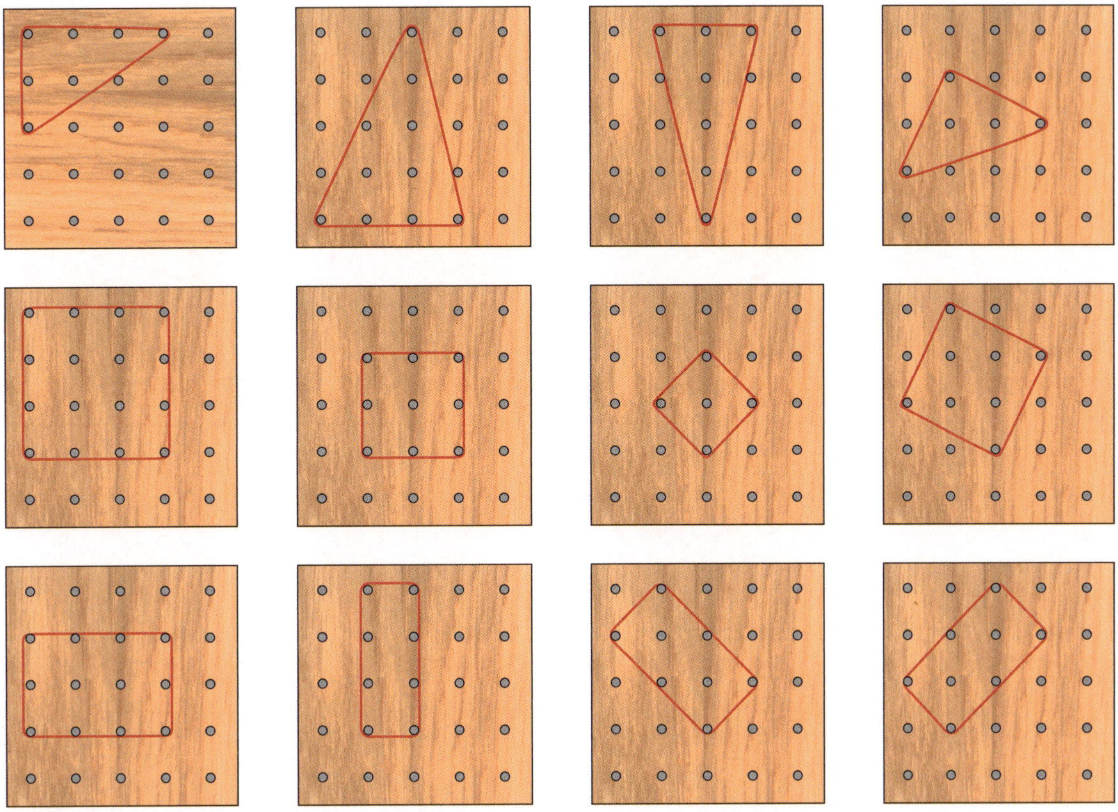

3 Spannt eine Figur.

Ein anderes Kind spannt die Figur nach.

BIST DU FIT?

1 Wie viel Geld ist in jedem Sparschwein?

☐☐ €   ☐☐ €   ☐☐ €

2

$4 € + 6 € = \square\square €$	$10\,ct + \square\,ct = 15\,ct$	$12 € + \square € = 20 €$
$5 € - 3 € = \square\square €$	$5\,ct + \square\,ct = 10\,ct$	$20 € - \square € = 14 €$
$15 € + 0 € = \square\square €$	$20\,ct - \square\,ct = 11\,ct$	$11\,ct + \square\,ct = 18\,ct$
$18 € - 7 € = \square\square €$	$17\,ct - \square\,ct = 14\,ct$	$16\,ct - \square\,ct = 12\,ct$

3 Lege nach.
Zähle.

4 Wie viele △, ☐ und ◯ sind es? Zähle.

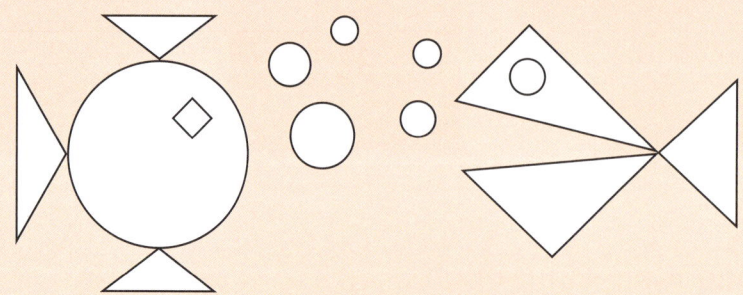

Aufgaben als Rückmeldung über den Leistungsstand nutzen
KV 11 (HRU) nutzen

PH S. 10 und 12

Muster und Strukturen

1 Gestaltet eine Ausstellung zu Mustern.

Du kannst fotografieren, zeichnen, legen oder kleben.

2 Legt zu zweit Muster aus Vierecken und Kreisen.

Legst du die Vierecke? Ich lege die Kreise.

3 Lege ein Muster. Ein anderes Kind legt es nach.

4 Male die Muster ab. Male weiter.

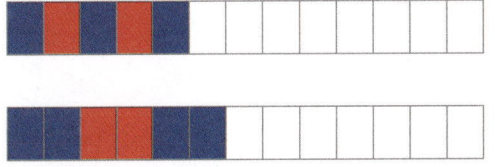

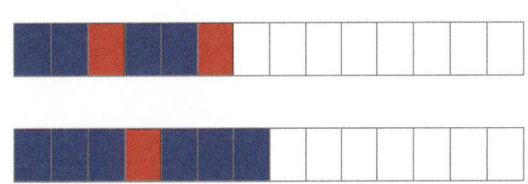

5 Erfinde eigene Muster.

Ergänzen zur 10

1

$3 + 7 = 10$

$6 + \boxed{} = 10$

$9 + \boxed{} = 10$

 3

 6

 9

3 und 7 sind Zahlen, die sich lieben.

2 Finde die verliebten Zahlen.

 8    6    1    4

 7    5    10    2

$8 + 2 = 10$

3

♥ 10	
2	
	5
7	

♥ 10	
0	
	4
3	

♥ 10	
	1
8	
6	

4

$3 + \boxed{} = 10$ $1 + \boxed{} = 10$ $\boxed{} + 2 = 10$

$9 + \boxed{} = 10$ $4 + \boxed{} = 10$ $\boxed{} + 0 = 10$

$2 + \boxed{} = 10$ $5 + \boxed{} = 10$ $\boxed{} + 4 = 10$

$0 + \boxed{} = 10$ $7 + \boxed{} = 10$ $\boxed{} + 3 = 10$

5

10	
3	

10	
	6

10	
1	

1: Zahlzerlegungen zur 10 mit Plättchen (Beilage) legen
2 bis 5: Ergänzungen zur 10 finden

Addieren mit 10

1

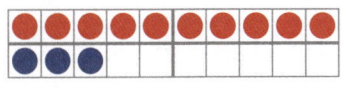 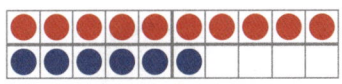

$10 + 3 = \square\square$ $10 + 6 = \square\square$ $10 + 10 = \square\square$

2

$10 + 2 = \square\square$ $10 + 9 = \square\square$ $6 + 10 = \square\square$

$10 + 8 = \square\square$ $10 + 4 = \square\square$ $3 + 10 = \square\square$

$10 + 7 = \square\square$ $10 + 1 = \square\square$ $5 + 10 = \square\square$

> Die Tauschaufgabe hilft.

3

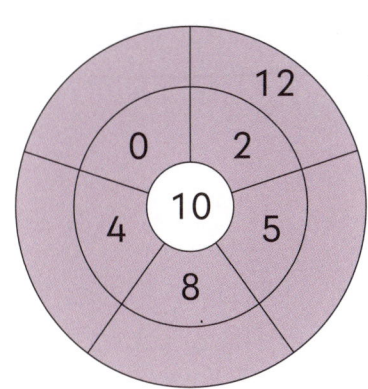

> Ich rechne $10 + 2 = 12$

4

$10 + \square = 14$ $\square + 10 = 17$ $4 + \square\square = 14$

$10 + \square = 18$ $\square + 10 = 13$ $5 + \square\square = 15$

$10 + \square = 11$ $\square + 10 = 16$ $2 + \square\square = 12$

$10 + \square = 19$ $\square + 10 = 15$ $10 + \square\square = 20$

5

10	7

4	10

18

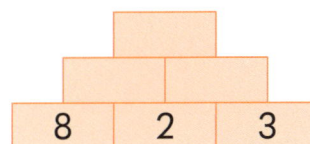 

8	2	3

6	4	5

20

Addieren mit Zehnerübergang

1

Immer zuerst bis zur 10. Ich zerlege die zweite Zahl.

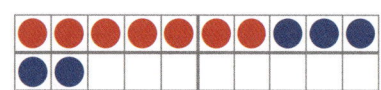

7 + 5 = 12

Max

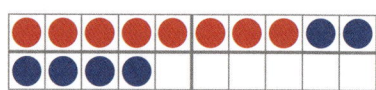

8 + 6 = □□

7 + 5 = 12
7 + 3 = 10
10 + 2 = 12

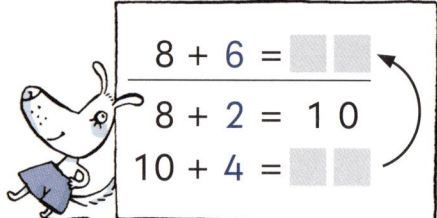

8 + 6 = □□
8 + 2 = 10
10 + 4 = □□

2 Lege und rechne.

9 + 5 = □□	7 + 4 = □□	8 + 3 = □□	7 + 6 = □□
9 + 1 = 10	7 + 3 = 10	8 + □ = 10	7 + □ = 10
10 + 4 = □□	10 + □ = □□	10 + □ = □□	10 + □ = □□

3

9 + 6 = □□   5 + 7 = □□
8 + 4 = □□   8 + 7 = □□
9 + 2 = □□   9 + 3 = □□

9 + 6 = 15
9 + 1 = 10
10 + 5 = 15

4 Anna schreibt so. Erklärt.

Was ist anders?

7 +   5   = 12
7 + 3 + 2 = 12

5 Rechne. Schreibe wie Max oder Anna.

6 + 5 = □□   8 + 9 = □□   9 + 4 = □□   8 + 8 = □□
4 + 8 = □□   7 + 9 = □□   3 + 9 = □□   7 + 4 = □□
7 + 8 = □□   8 + 5 = □□   9 + 8 = □□   6 + 8 = □□

1: Zehnerübergang mit Ergänzung zum Zehner erarbeiten, legen und rechnen
2 und 3: Mit Plättchen und Zwanzigerfeld (Beilage) arbeiten
4: Annas Schreibweise erläutern, Schreibweise ist verkürzt

102

AH S. 58
ÜH S. 57

1 Mila und Amir rechnen so. Erklärt.

9 + 8 = ▢▢

Ich verdopple.
8 + 8 = 16,
dann 1 dazu.

10 + 8 = 18,
dann 1 weniger.

9 + 8 = 17
8 + 8 = 16
16 + 1 = 17

Wie rechnest du?

9 + 8 = 17
10 + 8 = 18
18 − 1 = 17

2 Rechne wie Mila.

6 + 5 = ▢▢   8 + 9 = ▢▢
7 + 6 = ▢▢   7 + 8 = ▢▢
8 + 7 = ▢▢   6 + 7 = ▢▢

11 13 13 15 15 17

3 Rechne wie Amir.

9 + 6 = ▢▢   5 + 9 = ▢▢
7 + 9 = ▢▢   8 + 9 = ▢▢
9 + 4 = ▢▢   8 + 4 = ▢▢

12 13 14 15 16 17

4 Rechne mit deinem Weg.

9 + 6 = ▢▢   4 + 9 = ▢▢   6 + 7 = ▢▢   8 + 5 = ▢▢
8 + 8 = ▢▢   5 + 6 = ▢▢   9 + 3 = ▢▢   9 + 8 = ▢▢
9 + 5 = ▢▢   9 + 7 = ▢▢   7 + 8 = ▢▢   3 + 8 = ▢▢

11 11 12 13 13 13 14 15 15 16 16 17

5 Finde das Lösungswort.

12	13	14	15	16	17
E	I	L	N	F	D

8 + 9 = 1 7	D
4 + 8 =	

8 + 9 = ▢▢   9 + 5 = ▢▢   7 + 6 = ▢▢
4 + 8 = ▢▢   9 + 7 = ▢▢   8 + 7 = ▢▢

Subtrahieren mit Zehnerübergang

1

Immer zuerst zurück zur 10.
Ich zerlege die zweite Zahl.

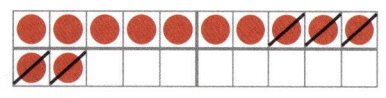

12 – 5 = 7

Lisa

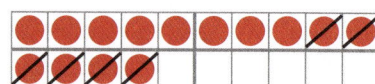

14 – 6 = ▢

12 – 5 =	7
12 – 2 =	10
10 – 3 =	7

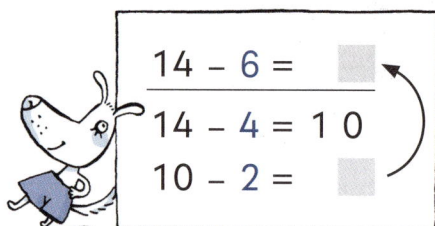

14 – 6 =	▢
14 – 4 =	10
10 – 2 =	▢

2 Lege und rechne.

15 – 8 = ▢	13 – 7 = ▢	16 – 9 = ▢	12 – 4 = ▢
15 – 5 = 10	13 – 3 = 10	16 – ▢ = ▢	12 – ▢ = ▢
10 – 3 = ▢	10 – ▢ = ▢	10 – ▢ = ▢	10 – ▢ = ▢

3

13 – 5 = ▢	12 – 7 = ▢
11 – 6 = ▢	15 – 7 = ▢
17 – 8 = ▢	14 – 5 = ▢

13 – 5 =	8
13 – 3 =	10
10 – 2 =	8

4 Ben schreibt so. Erklärt.

| 12 – 5 = 7 |
| 12 – 2 – 3 = 7 |

Was ist
anders?

5 Rechne. Schreibe wie Lisa oder Ben.

15 – 9 = ▢	13 – 6 = ▢	17 – 9 = ▢	12 – 6 = ▢
16 – 8 = ▢	16 – 7 = ▢	13 – 8 = ▢	14 – 8 = ▢
11 – 5 = ▢	15 – 8 = ▢	15 – 6 = ▢	13 – 4 = ▢

1: Schrittweise Subtraktion mit Zerlegung des Subtrahenden erarbeiten, legen und rechnen
2 und 3: Mit Plättchen und Zwanzigerfeld (Beilage) arbeiten
4: Bens Schreibweise erläutern, Schreibweise ist verkürzt

AH S. 60
ÜH S. 59

1 Mila und Amir rechnen so. Erklärt.

Ich halbiere.
18 − 9 = 9, dann
1 weniger.

$17 - 9 = $ ▢

17 − 10 = 7,
dann 1 dazu.

$$17 - 9 = 8$$
$$18 - 9 = 9$$
$$9 - 1 = 8$$

Wie
rechnest
du?

$$17 - 9 = 8$$
$$17 - 10 = 7$$
$$7 + 1 = 8$$

2 Rechne wie Mila.

$15 - 8 = $ ▢ $13 - 6 = $ ▢
$11 - 6 = $ ▢ $17 - 8 = $ ▢
$15 - 7 = $ ▢ $13 - 7 = $ ▢

5 6 7 7 8 9

3 Rechne wie Amir.

$14 - 9 = $ ▢ $16 - 9 = $ ▢
$15 - 9 = $ ▢ $15 - 8 = $ ▢
$13 - 9 = $ ▢ $17 - 8 = $ ▢

4 5 6 7 7 9

4 Rechne mit deinem Weg.

$11 - 7 = $ ▢ $17 - 9 = $ ▢ $14 - 5 = $ ▢ $11 - 5 = $ ▢
$12 - 5 = $ ▢ $13 - 5 = $ ▢ $16 - 9 = $ ▢ $12 - 9 = $ ▢
$15 - 6 = $ ▢ $16 - 7 = $ ▢ $12 - 7 = $ ▢ $14 - 7 = $ ▢

3 4 5 6 7 7 7 8 8 9 9 9

5 Finde das Lösungswort.

4	5	6	7	8	9
D	A	E	P	R	G

$16 - 7 = $ ▢ $15 - 8 = $ ▢ $15 - 7 = $ ▢
$13 - 7 = $ ▢ $14 - 9 = $ ▢ $13 - 9 = $ ▢

Addieren und Subtrahieren mit Zehnerübergang

1 Findet verschiedene Rechenwege.

Nutze bekannte Aufgaben.

8 + 9 = ☐☐   16 − 9 = ☐

5 + 8 = ☐☐   15 − 8 = ☐

8 + 7 = ☐☐   13 − 7 = ☐

2 Rechne mit deinem Weg.

6 + 7 = ☐☐   6 + 9 = ☐☐   16 − 8 = ☐   13 − 5 = ☐

8 + 4 = ☐☐   5 + 7 = ☐☐   15 − 6 = ☐   16 − 7 = ☐

9 + 3 = ☐☐   8 + 3 = ☐☐   12 − 5 = ☐   17 − 9 = ☐

3 + 8 = ☐☐   7 + 7 = ☐☐   17 − 8 = ☐   14 − 8 = ☐

6 7 8 8 8 9 9 9 11 11 12 12 12 13 14 15

3

7 + ☐ = 13   1 5 − ☐ = 8   ☐ + 8 = 15   7 + ☐ = ☐☐

5 + ☐ = 12   1 3 − ☐ = 7   ☐ − 7 = 7   ☐ + 5 = ☐☐

☐ + 9 = 17   ☐☐ − 9 = 5   ☐☐ + 6 = 11   ☐☐ − 8 = ☐☐

☐ + 6 = 11   ☐☐ − 7 = 5   ☐☐ − 9 = 7   1 6 − ☐ = ☐☐

4   7 $\xrightarrow{+\,8}$ ☐☐   17 $\xrightarrow{-\,9}$ ☐

   5 $\xrightarrow{+\,6}$ ☐☐   13 $\xrightarrow{-\,6}$ ☐

5   7 $\xrightarrow{+\,☐}$ 13   16 $\xrightarrow{-\,☐}$ 9

   5 $\xrightarrow{+\,☐}$ 12   12 $\xrightarrow{-\,☐}$ 8

6

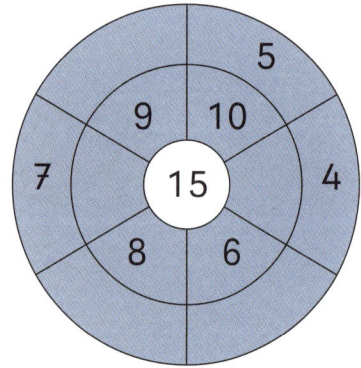

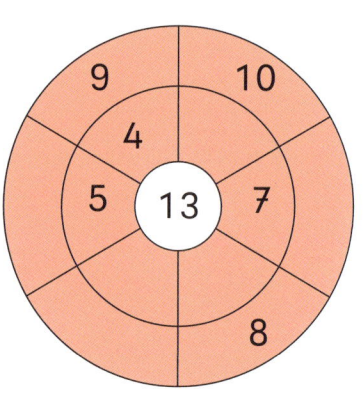

1: Verschiedene Rechenwege vergleichen
4: Bei der Kontrolle der Ergebnisse Gleichungen nennen

AH S. 62 und 63
ÜH S. 61 und 62

1 Bilde Aufgabenfamilien.

 **8** **5** **13**    **6** **8** **14**   **9** **13** **4**

8,	5,	1 3
8 + 5 =		
5 + 8 =		
1 3 – 5 =		
1 3 – 8 =		

2  **8** **15**    **9** **17**   **16**

3

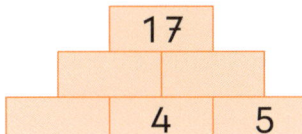

4 Finde mehrere Lösungen.

5 Rechne. Was fällt dir auf?

6 + 4 = ☐☐	4 + 9 = ☐☐	16 – 5 = ☐☐	14 – 5 = ☐☐
6 + 5 = ☐☐	4 + 10 = ☐☐	16 – 6 = ☐☐	15 – 5 = ☐☐
6 + 6 = ☐☐	4 + 11 = ☐☐	16 – 7 = ☐☐	16 – 5 = ☐☐
6 + 7 = ☐☐	4 + 12 = ☐☐	16 – 8 = ☐☐	17 – 5 = ☐☐

Die erste Aufgabe ist nicht immer die leichteste.

6 Finde selbst solche Aufgaben.

Gleichungen und Ungleichungen

1

$8 + 4 = 12$ 　　　　　　　　　　　$12 \bigcirc 12 - 5$

2 Setze das richtige Zeichen ein: $<$, $>$, $=$.

$8 + 5 \bigcirc 20$	$17 - 8 \bigcirc 7$	$14 \bigcirc 9 + 5$	$5 \bigcirc 14 - 8$
$7 + 9 \bigcirc 13$	$13 - 5 \bigcirc 8$	$16 \bigcirc 7 + 8$	$10 \bigcirc 18 - 9$
$6 + 5 \bigcirc 11$	$16 - 9 \bigcirc 6$	$15 \bigcirc 9 + 6$	$6 \bigcirc 14 - 7$
$4 + 8 \bigcirc 15$	$12 - 6 \bigcirc 6$	$12 \bigcirc 5 + 7$	$8 \bigcirc 15 - 6$

3

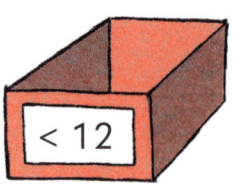 < 12 　　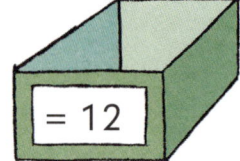 $= 12$ 　　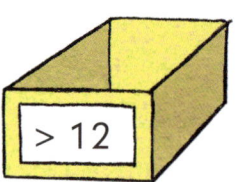 > 12

$3 + 9$	$6 + 9$	$7 + 6$	$8 + 8$	$14 - 6$	$15 - 6$
$16 - 4$	$17 - 9$	$4 + 7$	$7 + 7$	$8 + 4$	$8 + 9$

4 Richtig **r** oder falsch **f** ?

$8 + 7 = 16 \bigcirc$	$16 - 9 = 8 \bigcirc$	$5 + 9 > 15 \bigcirc$
$6 + 8 > 15 \bigcirc$	$17 - 9 < 9 \bigcirc$	$12 - 4 < 9 \bigcirc$
$5 + 8 < 16 \bigcirc$	$13 - 4 < 10 \bigcirc$	$9 + 6 < 14 \bigcirc$
$7 + 6 > 10 \bigcirc$	$15 - 8 > 6 \bigcirc$	$14 - 6 = 7 \bigcirc$

3: Differenzierung: Eigene Aufgaben für die Kisten schreiben
4: Falsche Zeichen korrigieren

AH S. 64
ÜH S. 63

1 Welche Zahl kannst du einsetzen?

8 + ⬚ < 20   16 – ⬚ > 9

9 + ⬚ < 17   14 – ⬚ > 6

7 + ⬚ < 20   18 – ⬚ > 10

8 + ⬚ < 16   12 – ⬚ > 8

Es gibt immer mehrere Lösungen.

2 Finde alle Lösungen.

8 + ⬚ < 12   13 – ⬚ > 9   7 + ⬚ < 12   11 – ⬚ > 6

8 + ⬚ < 12   13 – ⬚ > 9   7 + ⬚ < 12   11 – ⬚ > 6

8 + ⬚ < 12   13 – ⬚ > 9   7 + ⬚ < 12   11 – ⬚ > 6

8 + ⬚ < 12   13 – ⬚ > 9   7 + ⬚ < 12   11 – ⬚ > 6

                               7 + ⬚ < 12   11 – ⬚ > 6

3 Finde alle Lösungen.

9 + ⬚ < 12   9 – ⬚ > 6

6 + ⬚ < 10   16 – ⬚ > 13

8 + ⬚ < 13   16 – ⬚ > 12

7 + ⬚ < 11   14 – ⬚ > 9

| 9 + 0 < 12 |
| 9 + 1 < 12 |
| 9 + 2 < 12 |

4 Setze das richtige Zeichen ein: < , > , = .

7 + 8 ⬤ 8 + 7   16 – 8 ⬤ 18 – 9   6 + 6 ⬤ 18 – 6

5 + 8 ⬤ 5 + 4   14 – 9 ⬤ 12 – 8   5 + 6 ⬤ 16 – 7

6 + 7 ⬤ 7 + 7   15 – 7 ⬤ 17 – 6   6 + 7 ⬤ 19 – 2

9 + 9 ⬤ 2 + 2   14 – 7 ⬤ 13 – 6   4 + 9 ⬤ 19 – 9

5

6 + 4 ist größer als 5 + 4.

Zahlenfolgen und Muster

1 Wie geht es weiter? Zeichne und schreibe.

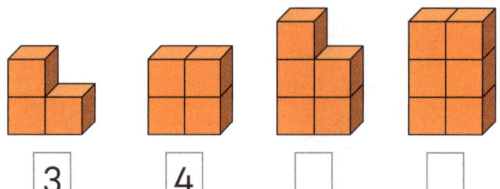

3   4   ☐   ☐   ☐   ☐   ☐

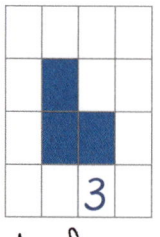

2 Immer 2 mehr.

| 2 | 4 | | 6 | | ☐ | ☐ | ☐ |
| 12 | 14 | ☐ | ☐ | ☐ | ☐ | ☐ | ☐ |

| 1 | 3 | | 5 | | ☐ | ☐ | ☐ |
| 11 | 13 | ☐ | ☐ | ☐ | ☐ | ☐ | ☐ |

3 Immer 2 weniger.

| 10 | 8 | | 6 | | ☐ | | ☐ |
| 20 | 18 | ☐ | ☐ | ☐ | ☐ | ☐ | ☐ |

| 9 | 7 | | ☐ | | ☐ | | ☐ |
| 19 | 17 | ☐ | ☐ | ☐ | ☐ | ☐ | ☐ |

4 Wie geht es weiter? Finde die Regel.

| 0 | 4 | 8 | ☐ | ☐ | ☐ | ☐ | ☐ |

Immer ☐ mehr.

| 20 | 16 | 12 | ☐ | ☐ | ☐ |

Immer ☐ weniger.

| 0 | 3 | 6 | ☐ | ☐ | ☐ | ☐ | ☐ |

Immer ☐ _____ .

| 2 | 5 | 8 | ☐ | ☐ | ☐ | ☐ | ☐ |

Immer ☐ _____ .

5

 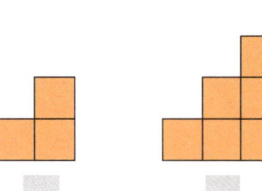 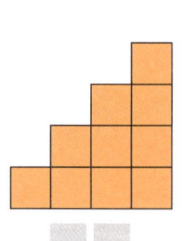 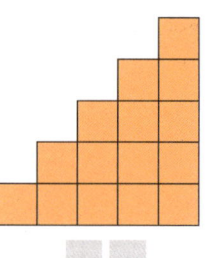

1: Beziehung zwischen Muster- und Zahlenfolge erkennen und bei Bedarf (weiter) bauen
2 und 3: Zahlenfolgen nach der vorgegebenen Regel bilden
5: Besonderheit des Musters erkennen, fortsetzen und Regel finden

AH S. 65
ÜH S. 64

Kombinieren

1 Lege und zeichne verschiedene Häuser.

2 Finde verschiedene Möglichkeiten.

3

4 Finde alle Möglichkeiten.

Verschiedene Möglichkeiten legen (Beilage) oder in der Kopiervorlage notieren;
KV 18 und 19 (HRU) nutzen
Differenzierung: Alle Möglichkeiten finden und begründen

AH S. 66   111

BIST DU FIT?

1

☐ + ☐ = ☐☐   ☐ + ☐ = ☐☐   ☐ + ☐ = ☐☐

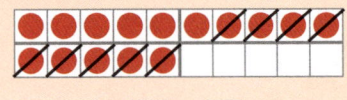   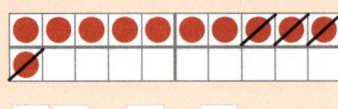

☐☐ – ☐ = ☐   ☐☐ – ☐ = ☐   ☐☐ – ☐ = ☐

2

8 + 5 = ☐☐	14 – 8 = ☐	8 + 4 = ☐☐	7 + ☐ = 14
3 + 9 = ☐☐	12 – 7 = ☐	5 + 9 = ☐☐	9 + ☐ = 16
7 + 8 = ☐☐	15 – 6 = ☐	14 – 6 = ☐☐	17 – ☐ = 9
9 + 5 = ☐☐	13 – 6 = ☐	16 – 8 = ☐☐	13 – ☐ = 7

3

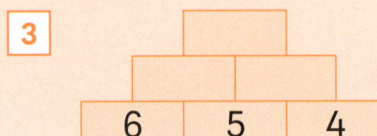   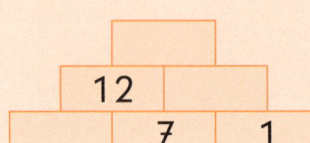   

4 Bilde Aufgabenfamilien.

5 Setze das richtige Zeichen ein: <, >, = .

9 + 5 ◯ 18	15 – 7 ◯ 8	17 ◯ 6 + 8
7 + 6 ◯ 13	12 – 9 ◯ 5	12 ◯ 5 + 7
5 + 8 ◯ 17	14 – 6 ◯ 8	7 ◯ 12 – 7
8 + 4 ◯ 15	16 – 8 ◯ 9	5 ◯ 16 – 9

Aufgaben als Rückmeldung über den Leistungsstand nutzen
KV 11 (HRU) nutzen

PH S. 8

FREUNDESEITE

1 + 1 und 1 – 1 schnell gemerkt

1 Ein Kind zeigt eine Aufgabenkarte. Die Kinder legen auf ihrem Bingofeld ein Plättchen auf die Lösungszahl. Wer zuerst drei Plättchen nebeneinander hat, gewinnt.

7	13	9
17	12	6
5	8	15

13	7	17
6	15	9
12	8	5

5	15	8
17	13	6
9	12	7

9	12	7
8	5	17
13	6	15

| 16 – 9 | 10 – 5 | 8 + 7 | 12 – 3 | 13 – 7 |

| 6 + 6 | 14 – 6 | 5 + 8 | 9 + 8 |

2 Ziehe 3 Karten und bilde Aufgaben. Ein anderes Kind löst.

| 4 | 6 | 1 |

$4 + 6 - 1 = 9$

$14 - 6 = 8$

3

Mila: Subtrahiere 8 von 13. Addiere 5.

Amir: Addiere 6 und den Nachfolger von 11.

Anna: Addiere 4 und 8. Subtrahiere 3 vom Ergebnis.

Schätzen und messen

1

2 Wie viele Schritte sind es?

	geschätzt	gemessen
Breite des Klassenraums		
Länge des Klassenraums		

3 Wie viel Fuß sind es?

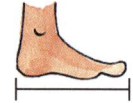

	geschätzt	gemessen
Breite der Tür		
Breite des Schrankes		

4 Wie viele Fingerspannen sind es?

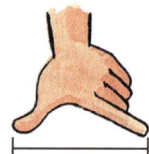

	geschätzt	gemessen
Breite des Tisches		
Länge der Fensterbank		

5 Wie viele Daumenbreiten sind es?

	geschätzt	gemessen
Breite des Mathehefts		
Breite der Federmappe		

6 Vergleicht eure Ergebnisse miteinander.

Was stellt ihr fest?

1: Möglichkeiten der Längenermittlung (Schwerpunkt Körpermaße) besprechen   2 bis 5: Messen mit Körpermaßen, Angabe der Schätz- und Messergebnisse   6: Durch unterschiedliche Messergebnisse mit Körpermaßen Notwendigkeit standardisierter Maßeinheiten erkennen und besprechen

Zentimeter

1

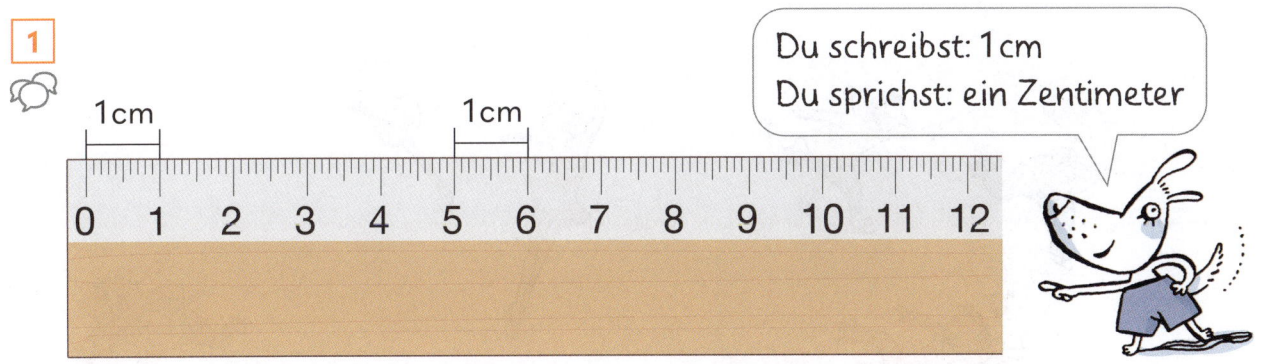

Du schreibst: 1 cm
Du sprichst: ein Zentimeter

2 So kannst du messen. Erkläre.

Lege das Lineal an der 0 an.

Der Stift ist ▢▢ cm lang.

3 Wie lang sind die Gegenstände? Vergleiche. Schätze und miss nach.

4 Miss die Längen von Gegenständen aus deiner Federtasche.
Was fällt dir auf?

1: Zentimeter mit Hilfe des Lineals einführen   2: Messvorgang erklären und durchführen
4: Gegenstände selbst aussuchen und messen lassen;
Erkenntnis gewinnen, dass Längen nicht immer zentimetergenau angegeben werden können

115

Gekrümmte und gerade Linien

1

2 Zeichne gekrümmte und gerade Linien.

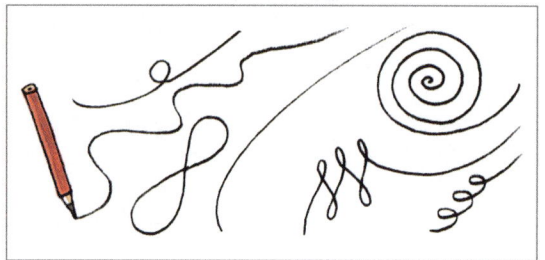

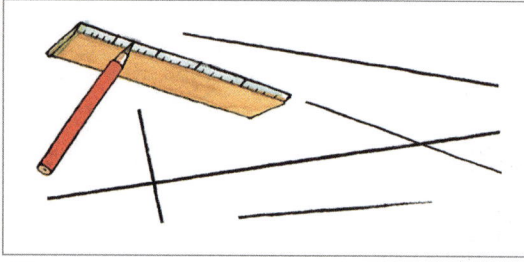

Gerade Linien zeichne ich mit einem Lineal.

3 Zeichne mit Lineal.

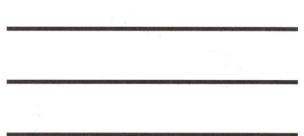

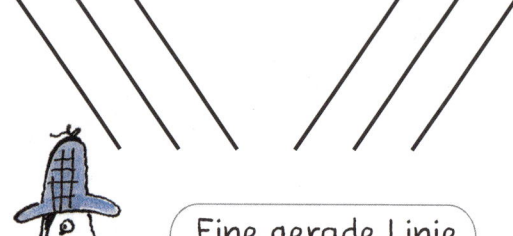

Eine gerade Linie heißt Gerade.

4 Zeichne.

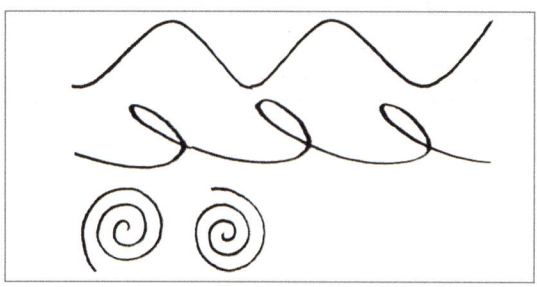

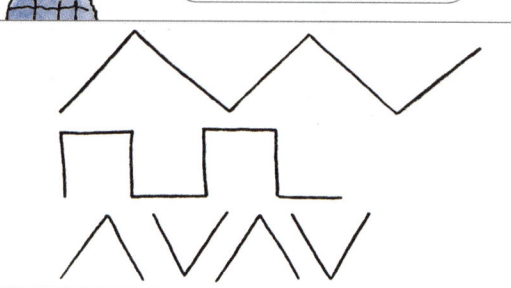

1: Zum Bild erzählen, gekrümmte und gerade Linien erkennen
2: Gekrümmte und gerade Linien erkennen und frei bzw. mit Lineal zeichnen
3 und 4: Linien erkennen und nachzeichnen, Begriff „Gerade" kennenlernen

AH S. 67
ÜH S. 65

Geraden und Punkte

1

An diesem Punkt möchte ich den Nagel einschlagen.

Punkte können verschieden aussehen.

×C

A ————— g

MERKE DIR

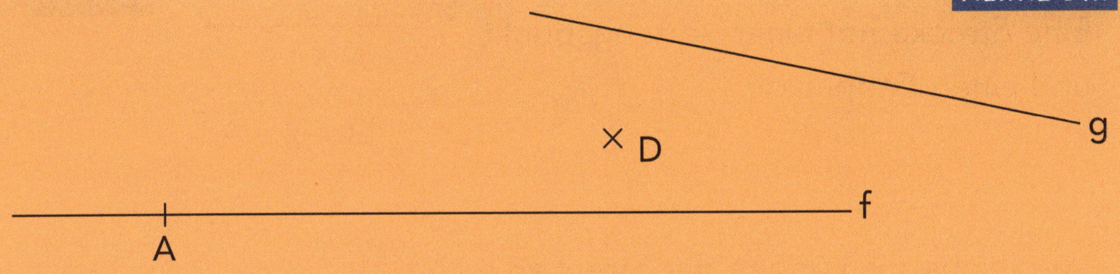

×D

————A———————— f

Geraden werden mit **kleinen Buchstaben** bezeichnet.
Punkte werden mit **großen Buchstaben** bezeichnet.

2 Zeichne Geraden und Punkte. Bezeichne.

3 Wo liegen die Punkte? Beschreibt.

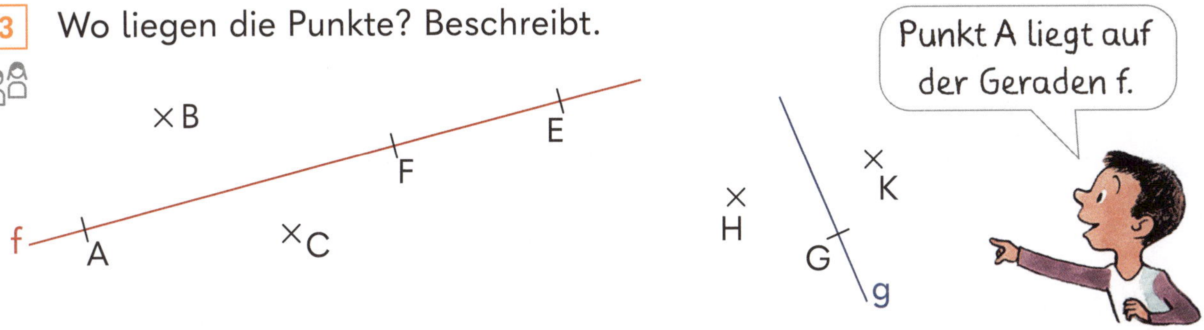

Punkt A liegt auf der Geraden f.

×B

E

F

f

A ×C

×H

×K

G

g

4 Zeichne eine Gerade g. Lege auf der Geraden g den Punkt P fest.
Zeichne einen Punkt R, der nicht auf der Geraden g liegt.

5 Stellt euch ähnliche Aufgaben.

1: Zum Bild erzählen, Begriff „Punkt" einführen
3: Lage der Punkte zur Geraden beschreiben – Begriffe „auf der Geraden",
„nicht auf der Geraden" verwenden

AH S. 67
ÜH S. 65
117

Strecken

1

> Lege das Lineal an der Null an.

> Der Stift ist 11 cm lang. Die Strecke ist 11 cm lang.

| 0 | 1 | 2 | 3 | 4 | 5 | 6 | 7 | 8 | 9 | 10 | 11 | 12 |

MERKE DIR

Eine Strecke hat einen Anfangspunkt und einen Endpunkt.

A   B

Strecke $\overline{AB}$

2 Vergleiche die Längen der Strecken.

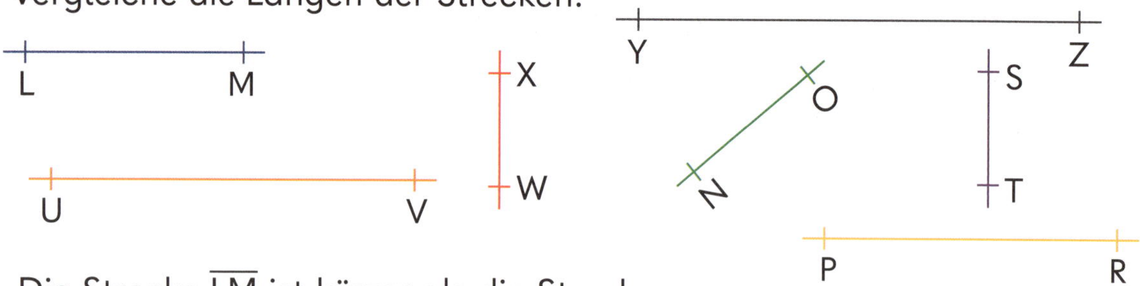

L   M

U   V

X

W

Y   Z

O

N

S

T

P   R

Die Strecke $\overline{LM}$ ist kürzer als die Strecke _____ .

Die Strecke _____ ist länger als die Strecke _____ .

Die Strecke _____ und die Strecke _____ sind gleich lang.

3 Miss die Strecken.

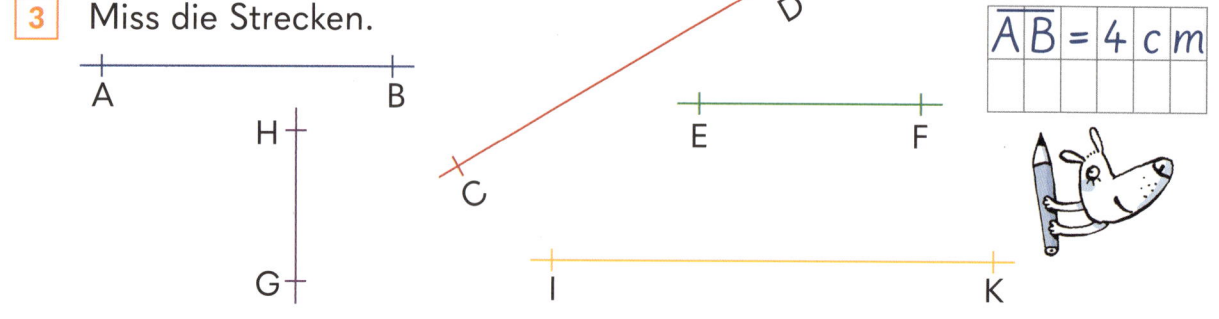

A   B

D

C

E   F

H

G

I   K

$\overline{AB} = 4\ cm$

1: Begriff Strecke einführen, messen mit dem Lineal wiederholen
2: Längen der Strecken vergleichen, „ist kürzer als", „ist länger als", „sind gleich lang" verwenden

AH S. 68 und 69
ÜH S. 66 und 67

1 Max zeichnet die Strecke $\overline{AB}$. Erklärt.

Zeichne eine Gerade g.
Trage auf g den Punkt A an.

Lege das Lineal mit der 0
am Punkt A an.

Miss 4 cm ab und trage
den Punkt B an.

Schreibe $\overline{AB}$ = 4 cm.

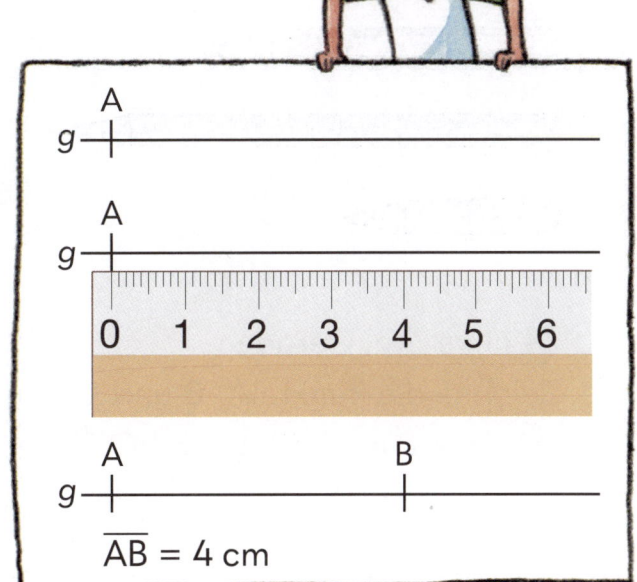

$\overline{AB}$ = 4 cm

2 Zeichne Strecken. Ein anderes Kind misst nach.
$\overline{AB}$ = 4 cm $\overline{EF}$ = 6 cm $\overline{IK}$ = 2 cm $\overline{NR}$ = 8 cm
Zeichne Strecken, die doppelt so lang sind.
Zeichne Strecken, die halb so lang sind.

3 Wie weit fliegt die Biene? Miss.

4 Zeichnet ein Bild mit Strecken.
Ein anderes Kind misst die Länge der Strecken.

BIST DU FIT?

1 Miss die Länge der Buntstifte.

☐ cm

☐ cm

☐ cm

2 Zeichne drei Geraden.
Zeichne die Punkte A, B und C, die nicht auf den Geraden liegen.
Lege die Punkte M, N und O fest, die auf einer Geraden liegen.

3 Vergleiche die Längen der Strecken.

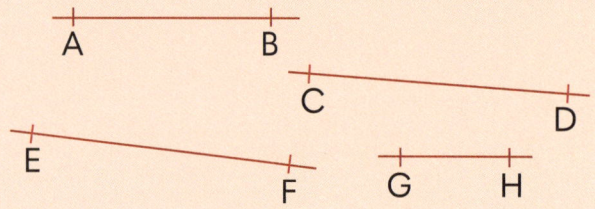

$\overline{CD}$ ist länger als _____ .

_____ und _____ sind gleich lang.

_____ ist kürzer als _____ .

4 Miss die Strecken.

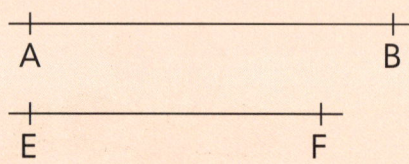

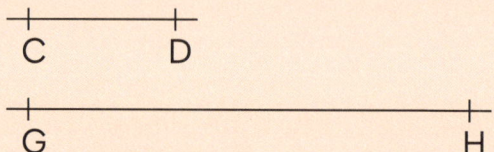

5 Zeichne eine Strecke $\overline{EA}$.
Zeichne eine Strecke $\overline{FB}$, die länger als $\overline{EA}$ ist.
Zeichne eine Strecke $\overline{GH}$, die kürzer als $\overline{EA}$ ist.

6 Zeichne.

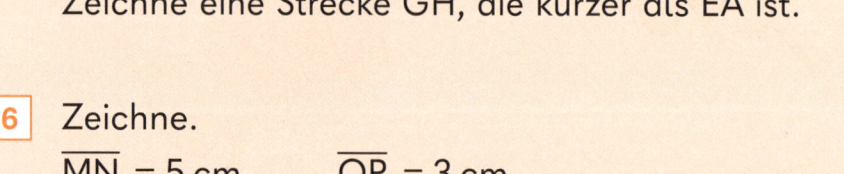

$\overline{MN}$ = 5 cm $\overline{OP}$ = 3 cm

$\overline{RS}$ = 7 cm $\overline{TU}$ = 4 cm

Aufgaben als Rückmeldung über den Leistungsstand nutzen
KV 11 (HRU) nutzen

PH S. 11 und 13

Mathematik und Kunst

1 Gestaltet eine Ausstellung.

2 Zeichne eine lange geschwungene Linie.
Zeichne ebene Figuren mit einer Schablone. Male aus.

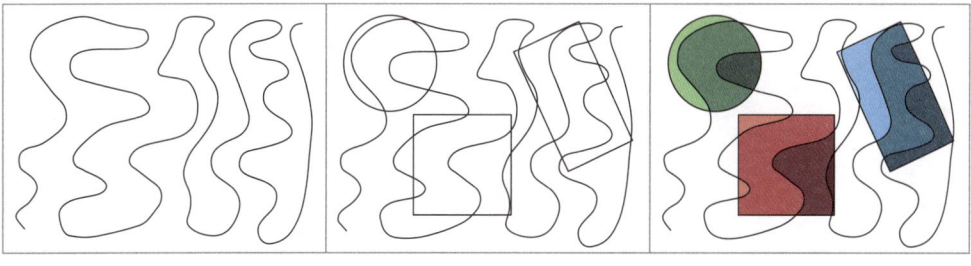

> Welches Bild möchtest du zeichnen?

3 Zeichne Geraden.
Zeichne ebene Figuren mit einer Schablone. Male aus.

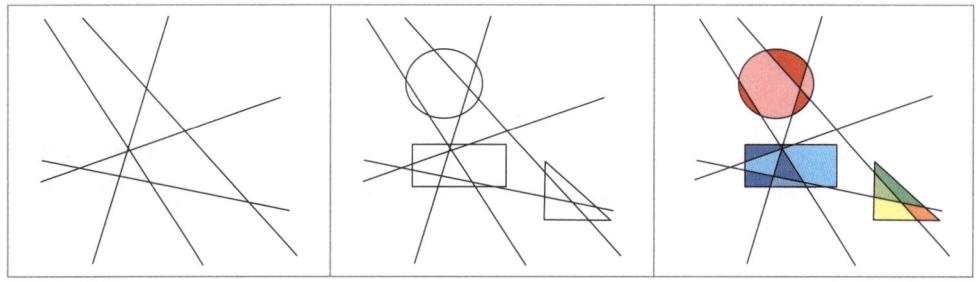

Uhrzeit

1 Sprecht über euren Tagesablauf.

11 Uhr

8 Uhr

5 Uhr

2 Uhr

0 Uhr

24-Stunden-Uhr:
- Minutenzeiger
- Stundenzeiger
- Zifferblatt

MERKE DIR

1 Tag hat 24 Stunden.
1 Tag = 24 Stunden

Uhr als Zeitanzeiger kennenlernen, Teile der Uhr benennen
1: Tagesablauf der Kinder besprechen
24-Stunden-Rhythmus besprechen

AH S. 70
ÜH S. 68

14 Uhr

16 Uhr

1 Wie spät ist es?
Nenne die Vormittagszeit
und die Nachmittagszeit.

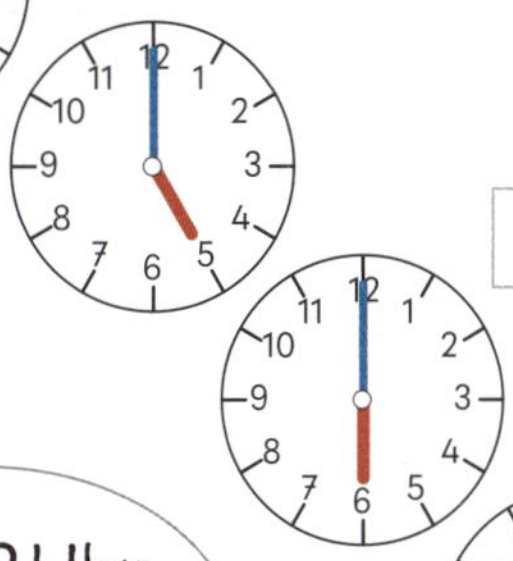

18 Uhr

12:00
AM
PM
MON TUE WEN THU FRI SAT SUN
ALARM

Um 12 Uhr
bekomme ich
Futter.

22 Uhr

MERKE DIR

3 Uhr und 15 Uhr

24 Uhr

Die Zehnerzahlen bis 100

1 Erzählt.

2 Zeigt alle Zehnerzahlen.

3 Ergänze.

$$10$$

$$10 + 10 = 20$$

$$20 + = 30$$

$$30 + = 40$$

$$40 + = 50$$

$$ + 10 = 60$$

$$ + 10 = 70$$

$$70 + = $$

$$80 + = $$

$$ + = 100$$

4 Zähle vorwärts und rückwärts in Zehnerschritten.

124

1: Zehnerzahlen in der Umwelt entdecken, weitere Beispiele (auch digital) ergänzen
2: Zehnerzahlen handelnd mit dem Hunderterfeld erarbeiten
4: Im Klassenverband oder einzeln vorwärts- oder rückwärtszählen

AH S. 71
ÜH S. 69

1 Wie viele?

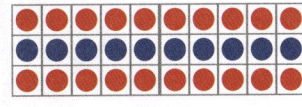

2 Legt mit Zehnerstreifen.

| 20 | 50 | 30 | 70 | 10 | 40 | 60 |

3 Zählt weiter.

| 40 | 50 | ... | 100 | | 100 | 90 | ... | 30 | | 20 | 40 | ... | 100 |

4 Legt mit 10-Cent-Münzen.

30 ct   50 ct   100 ct   80 ct

5 Legt mit 10-Euro-Scheinen.

70 €   40 €   30 €   60 €   10 €

6 Wie viele Cent sind es?

 ct

 ct

7 Wie viele Euro sind es?

 €

 €

2: Vorgegebene Anzahl mit Zehnerstreifen (Beilage) legen
3: Regel der Zahlenfolge erkennen und vervollständigen; Differenzierung: Regel finden
4 und 5: Beträge (Beilage) legen, unterschiedliche Möglichkeiten zulassen und darüber sprechen

AH S. 71
ÜH S. 69
125

Vergleichen und Ordnen von Zehnerzahlen

1

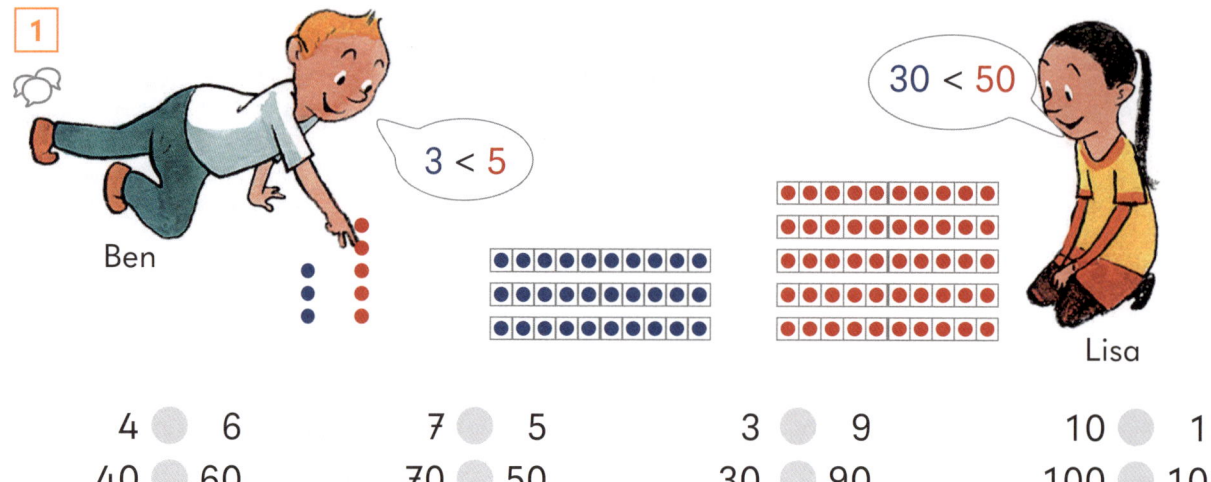

Ben
3 < 5

30 < 50
Lisa

| 4 ⬤ 6 | 7 ⬤ 5 | 3 ⬤ 9 | 10 ⬤ 1 |
| 40 ⬤ 60 | 70 ⬤ 50 | 30 ⬤ 90 | 100 ⬤ 10 |

2 Setze das richtige Zeichen ein: < , > , = .

60 ⬤ 90	80 ⬤ 40	100 ⬤ 10
50 ⬤ 40	60 ⬤ 60	70 ⬤ 90
70 ⬤ 70	20 ⬤ 50	80 ⬤ 60
30 ⬤ 40	90 ⬤ 20	50 ⬤ 50

3 Ordne. Beginne mit der kleinsten Zahl.

60   90   30   50   80   100   40

30 , 40

4 Ordne. Beginne mit der größten Zahl.

70   30   90   10   40   50   60

5

Welche Zehnerzahlen sind kleiner als 50?

Max

Welche Zehnerzahlen sind größer als 50?

Mila

Welche Zehnerzahlen liegen zwischen 20 und 50?

Anna

1: Analogie zwischen Einern und Zehnern erkennen und beschreiben, Beispiele legen (Beilage),
weitere Beispiele finden
5: Differenzierung: Ergebnis begründen

AH S. 71
ÜH S. 70

Rechnen mit Zehnerzahlen

1 Erkläre, wie du rechnen kannst.

> 5 + 3 ist die kleine Aufgabe.

Addieren

50 + 30 = ☐☐
5 + 3 = ☐

Mila

> Hier ist 8 – 3 die kleine Aufgabe.

Subtrahieren

80 – 30 = ☐☐
8 – 3 = ☐

Amir

2 Rechne erst die kleine Aufgabe.

60 + 20 = ☐☐
6 + 2 = ☐

80 + 10 = ☐☐
8 + 1 = ☐

70 – 60 = ☐☐
7 – 6 = ☐

50 – 30 = ☐☐
5 – 3 = ☐

3

40 + 10 = ☐☐
10 + 80 = ☐☐
20 + 50 = ☐☐
0 + 70 = ☐☐

60 – 50 = ☐☐
90 – 60 = ☐☐
100 – 20 = ☐☐
60 – 60 = ☐☐

80 + ☐ = 90
10 + ☐ = 30
80 – ☐ = 80
100 – ☐ = 50

4 Bilde Aufgabenfamilien.

70 **20** **90**

70 + 20 = 90
20 + ☐☐ = ☐☐
90 – 20 = 70
90 – ☐☐ = ☐☐

> Immer 2 Aufgaben mit + und 2 Aufgaben mit – gehören zu einer Aufgabenfamilie.

30 **50** **80**

30 + 50 = 80
50 + ☐☐ = ☐☐
80 – 50 = ☐☐
80 – ☐☐ = ☐☐

5

30 **10** ☐   **20** **60**   **50** **20**   **100**

Alle Zahlen bis 100

1

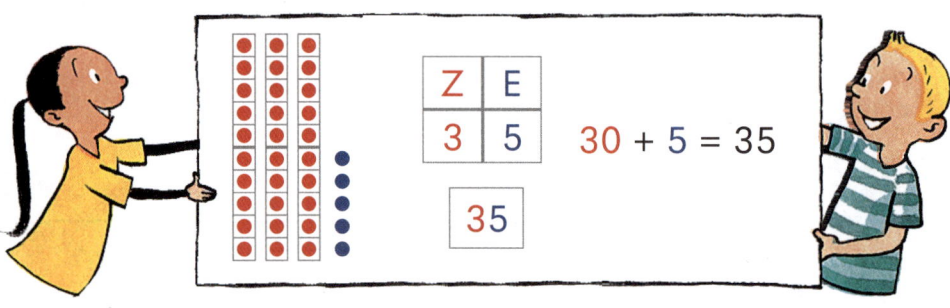

Z	E
3	5

$30 + 5 = 35$

35

2 Legt die Zahlen.

56 74 26 39 42 13 70 33 62 10

3 Welche Zahlen sind dargestellt?

  | Z | E |
|---|---|
| | |

 | Z | E |
|---|---|
| | |

 | Z | E |
|---|---|
| | |

 | Z | E |
|---|---|
| | |

4 Zerlege in Zehner und Einer.

Z	E	
4	2	42
		36
		27
		80

Z	E	
		69
		77
		91
		58

5 Wie heißt die Zahl?

Z	E	
3	7	
5	9	
6	1	
2	8	

Z	E	
9	9	
6	0	
4	1	
8	3	

6

2	0	+	5	=	2	5

1: Über die verschiedenen Darstellungsweisen sprechen
2: Zahlen mit Zehnerstreifen und Plättchen (Beilage) legen
3 bis 6: Bei Bedarf mit Plättchen und Zehnerstreifen legen

AH S. 73
ÜH S. 71

Die Hundertertafel

1	2	3	4	5	6	7	8	9	10
11	12	13	14	15	16	17	18	19	20
21	22	23	24	25	26	27	28	29	30
31	32	33	34	35	36	37	38	39	40
41	42	43	44	45	46	47	48	49	50
51	52	53	54	55	56	57	58	59	60
61	62	63	64	65	66	67	68	69	70
71	72	73	74	75	76	77	78	79	80
81	82	83	84	85	86	87	88	89	90
91	92	93	94	95	96	97	98	99	100

In der Hundertertafel sehe ich alle Zahlen von 1 bis 100.

Da ist die Zahl 90.

1 Zeigt die Zahlen.

 | 25 | 46 | 71 | 33 | 90 | 69 | 85 |

Was fällt euch auf?

2 Zeigt die Zahl 17. Welche Zahlen stehen darunter?
Zeigt die Zahl 93. Welche Zahlen stehen darüber?
Zeigt die Zahl 51. Welche Zahlen stehen daneben?

3 Zähle vorwärts von 0 bis 100.

4 Zähle.

von 25 bis 30   von 56 bis 65   von 99 bis 90
von 35 bis 40   von 87 bis 99   von 82 bis 77

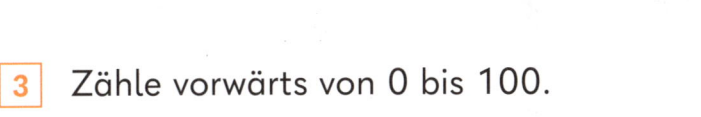

Hundertertafel einführen und über Aufbau sprechen
2: Auffälligkeiten benenne: Wie verändern sich die Einer und die Zehner?
3 und 4: Mithilfe der Hundertertafel im Klassenverband oder einzeln zählen

AH S. 74   129

Sammeln und Lesen von Daten

1 Wohin wollen die meisten Kinder der Klasse 1b gehen?

Zoo

Spielplatz

卌 ||||
g

卌 卌 ||

2 Richtig (r) oder falsch (f)?

Es wollen mehr Kinder in den Zoo gehen.

12 Kinder wollen auf den Spielplatz gehen.

Auf den Spielplatz wollen 3 Kinder weniger
gehen als in den Zoo.

Insgesamt haben 20 Kinder abgestimmt.

3 Erstelle eine eigene Umfrage in deiner Klasse.
Wo spielst du am liebsten?

Rutsche

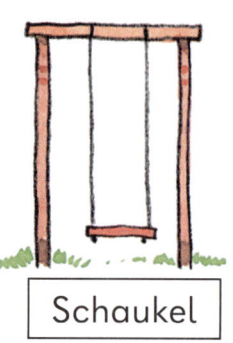

Schaukel

Klettergerüst

2: Aussagen mithilfe der Daten aus Aufgabe 1 bewerten

AH S. 75

1 Die Klasse 1a haben mit Würfeln abgestimmt.

Wohin wollen die meisten Kinder gehen?

2 Zeichne das Ergebnis der Umfrage in dein Heft.

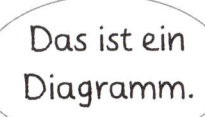

Das ist ein Diagramm.

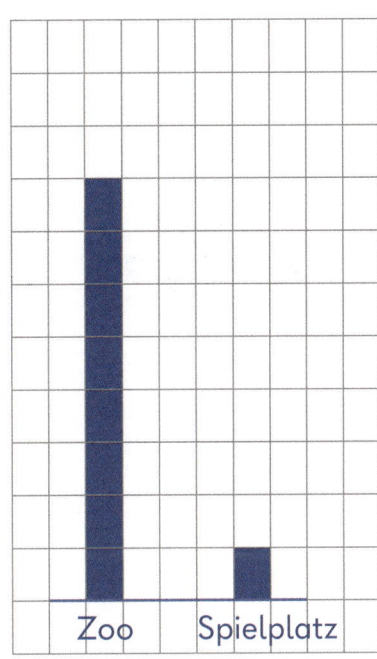

Für jeden Würfel ein Kästchen

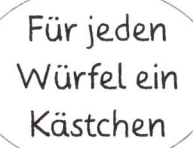

Lieblingstiere
Hund ||||
Katze ||

3 Erstelle weitere Umfragen in deiner Klasse.

Sammeln und Lesen von Daten

So kommen die Kinder der Klasse 1a zur Schule:

Klasse	🚲	🚗	🚌	🏃
1a	3	6	8	7

1 Richtig r oder falsch f ?

Die meisten Kinder kommen mit dem  . ○

Die wenigsten Kinder kommen mit dem  . ○

Es kommen mehr Kinder als mit dem  . ○

Es kommen doppelt so viele Kinder
mit dem 🚗 wie mit dem 🚲 . ○

2 Frage die Kinder deiner Klasse, wie sie zur Schule kommen.
Fertige eine Strichliste an.

Klasse	🚲	🚗	🚌	🏃

3

Die meisten Kinder kommen …

Amir

Die wenigsten Kinder kommen …

Max

Es kommen mehr Kinder … als ….

Ben

… Kinder kommen mit … und ….

Anna

1: Aussagen mithilfe der Daten aus der Tabelle bewerten
3: Ergebnisse der Umfrage gemeinsam mündlich auswerten

AH S.76

Wahrscheinlichkeit

1 Möglich oder unmöglich? Erklärt.

 Meine Oma ist jünger als du.

Morgen ist deine Lehrerin krank.

Am Sonntag gehst du zur Schule.

Beim Klettern fällst du vom Baum.

Für die Hausaufgaben brauchst du eine Stunde.

Ein Hund macht deine Hausaufgaben.

2 Möglich oder unmöglich? Erklärt.

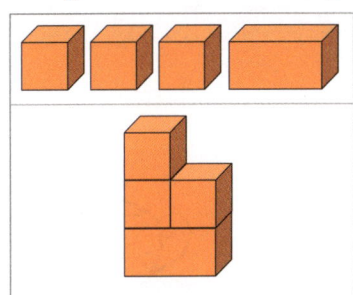
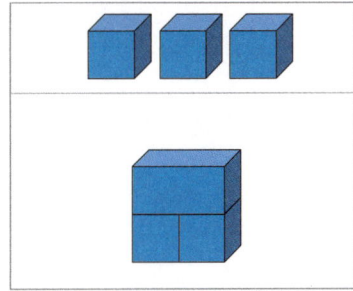
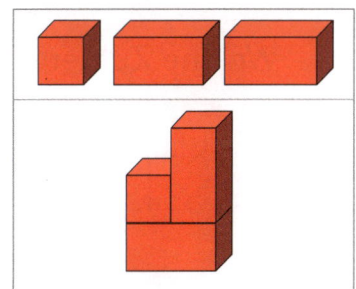

3 Überlegt euch mögliche und unmögliche Situationen.

BIST DU FIT?

1 Wie spät ist es?

Gib die Vormittagszeit und die Nachmittagszeit an.

A  B 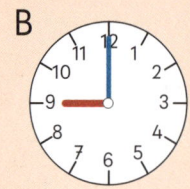 C 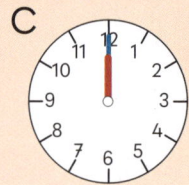 D  E

2 Setze das richtige Zeichen ein: <, >, =.

40 ◯ 50   100 ◯ 10   70 ◯ 70   80 ◯ 60

10 ◯ 0   80 ◯ 90   60 ◯ 20   30 ◯ 90

3 Ordne. Beginne mit der größten Zahl.

90   70   30   10   50   100   40   60

4
20 + 30 = ☐☐   50 − 40 = ☐☐   20 + ☐☐ = 80

90 + 10 = ☐☐   80 − 20 = ☐☐   90 + ☐☐ = 90

20 + 60 = ☐☐   90 − 10 = ☐☐   20 − ☐☐ = 10

40 + 50 = ☐☐   70 − 30 = ☐☐   90 − ☐☐ = 0

5 Welche Zahlen sind dargestellt?

 | Z | E |
|---|---|
| | |

 | Z | E |
|---|---|
| | |

 | Z | E |
|---|---|
| | |

6 Wie heißt die gesuchte Zahl?

30 + 5   50 + 9   70 + 4

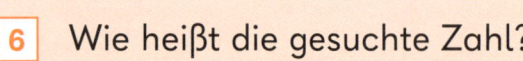

Aufgaben als Rückmeldung über den Leistungsstand nutzen
KV 11 (HRU) nutzen

PH S. 13

FREUNDESEITE

Meine Klasse in Zahlen

1 Stellt euch Fragen in eurer Gruppe.

Malst du gern?

Sprichst du eine andere Sprache?

Magst du Sport?

Hast du Geschwister?

Hast du Haustiere?

2 Tragt die Ergebnisse zusammen.

3 Stellt die Ergebnisse der Klasse vor.

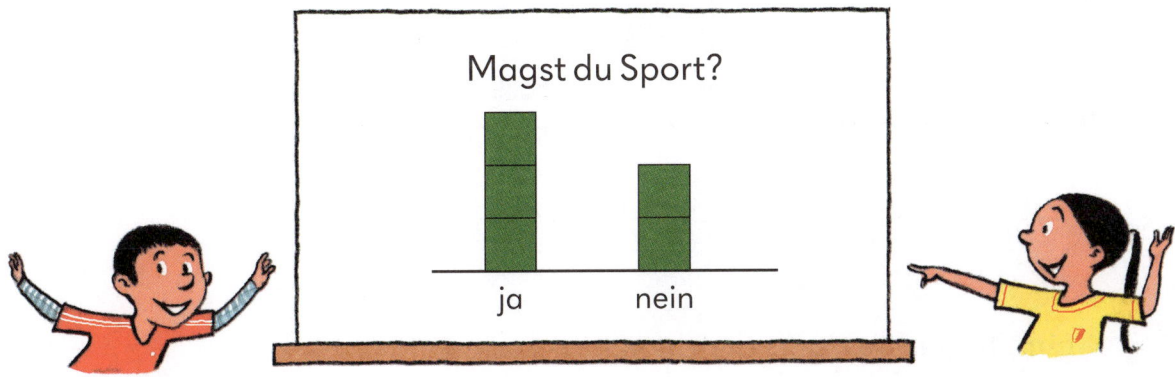

Magst du Sport?

ja   nein

Zahlen überall

1 Wo findest du diese Zahlen? Erzähle.

2 Finde Zahlen in deiner Umgebung.
Fotografiere, schreibe und klebe.

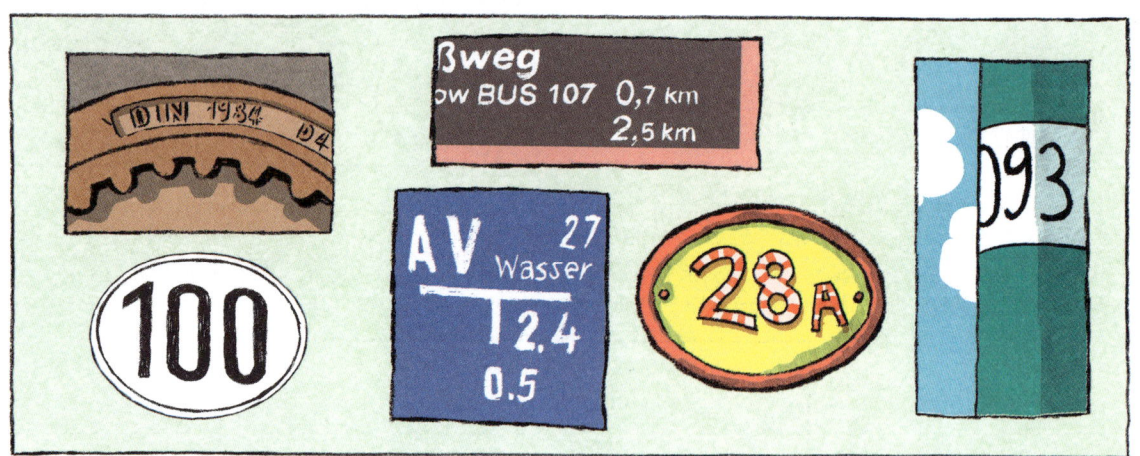

3 Gestalte eine Seite zu deiner Lieblingszahl.

4 Schreibe Zahlen auf, die du schon kennst.

Bearbeitung der Aufgaben ist zu verschiedenen Zeitpunkten des Schuljahres möglich;
Zahlen aus der Umwelt wiedererkennen und notieren, Zahlenbuch analog oder digital fortführen;
verschiedene Zahlaspekte berücksichtigen

1 Welche Bilder gehören zusammen?
Erzählt.

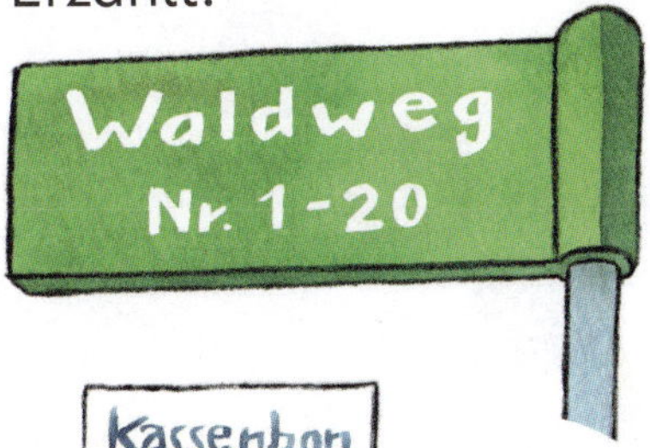

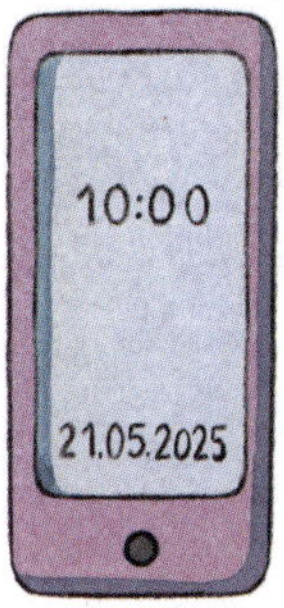

Waldweg Nr. 1-20

Seedorf 5km

Kassenbon

Auto 4,00€

Meier 17

4€

Herr Meier
Waldweg 17
0484 Seedorf

Linie 3 Seedorf 10:00

3 Seedorf

10:00
21.05.2025

2 Suche ein solches Schild in deiner Umgebung.
Finde heraus, was es bedeutet.

H100
1.3

1: Zusammenhänge zwischen den Darstellungen auf den Bildern erkennen, die Bedeutung der Zahlen
zur Orientierung in der Umwelt hervorheben   2: Schilder mit dem Hinweis zur Lage eines Hydranten
für die Feuerwehr in der Umgebung finden, ggf. Anschlussstelle im Boden suchen

137

PROJEKTSEITEN
Mathematik zum Staunen und Spielen

1 Legt abwechselnd 1 oder 2 Plättchen. Wer mit seinem Plättchen auf die 12 kommt, gewinnt.

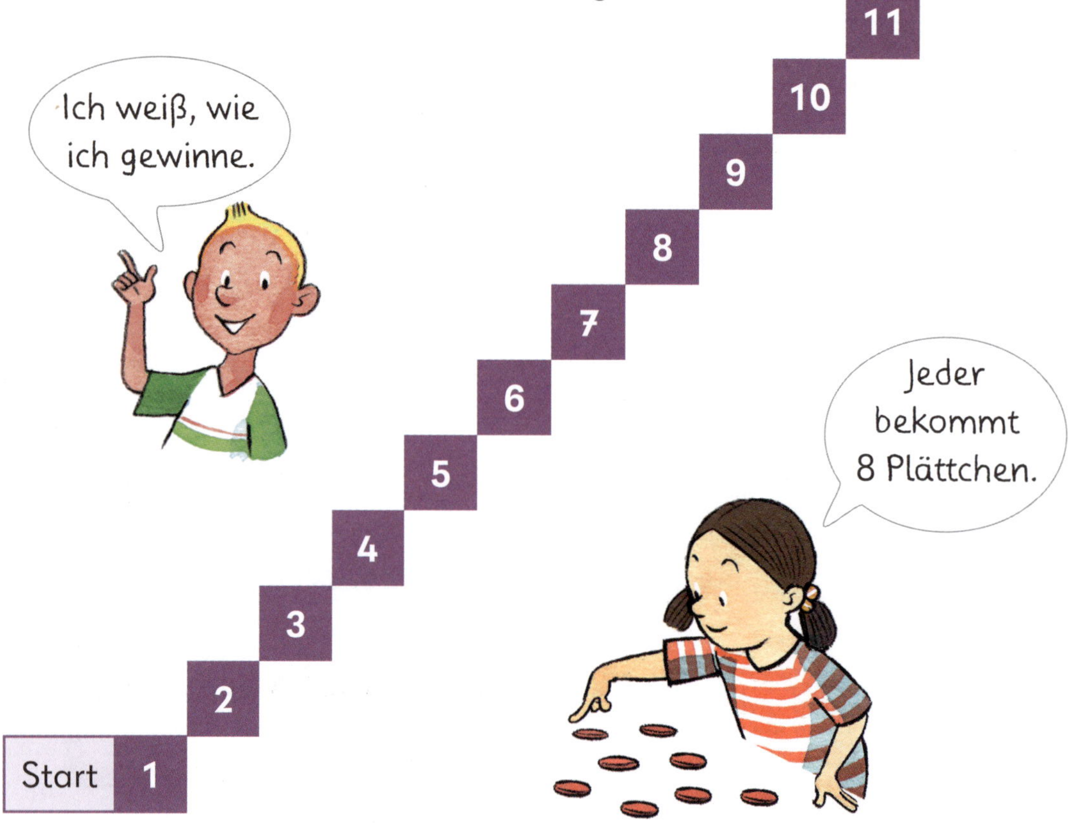

Ich weiß, wie ich gewinne.

Jeder bekommt 8 Plättchen.

Start | 1 | 2 | 3 | 4 | 5 | 6 | 7 | 8 | 9 | 10 | 11 | 12 | Ziel

2 **20 gewinnt**

Würfle so oft, wie du willst. Addiere die Augenzahlen. Dann würfelt ein anderes Kind. Wer am dichtesten an der 20 ist hat gewonnen. Wer über 20 kommt verliert.

1 Finde Aufgaben.

 **14** 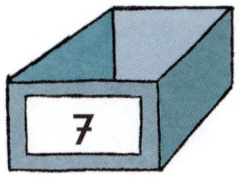 **7**  **11**  **19**

6 + 8 = 14
19 – 8 + 3 = 14

2 Wer belegt die meisten Zahlen?

3	4	5	6	7	8	9	10
11	12	13	14	15	16	17	18

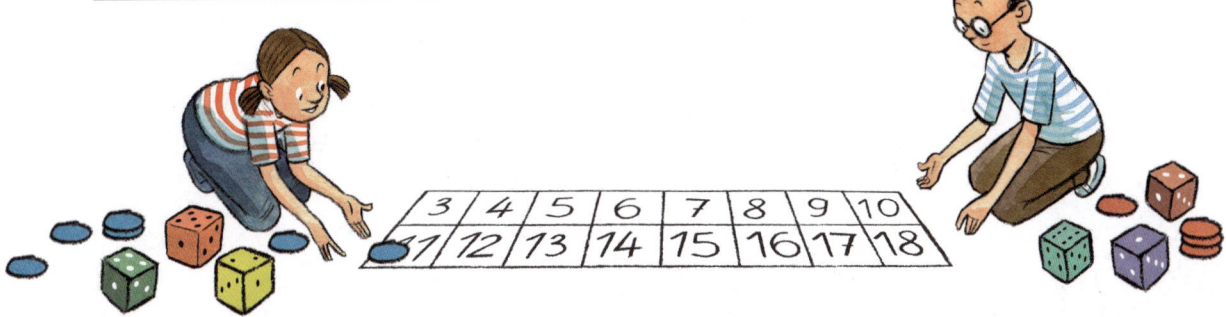

3 Lege die Figur.
Lege 1 Stäbchen um.
Du erhältst 2 Häuser.

4 Lege die Figur.
Lege 2 Stäbchen um.
Du erhältst 4 Dreiecke.

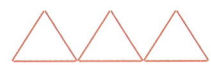

PROJEKTSEITEN

Mathematik zum Knobeln

1   Dieses Wochenende gehen Mila und Amir mit Opa Kurt angeln. Beide Kinder sind sieben Jahre alt. Opa Kurt ist 50 Jahre älter als Mila.

2   Wie alt ist der Fisch?

Ich kann das Alter an den versteckten Zahlen ablesen.

3   Wer hat den größten Fisch gefangen?

4   An diesem Wochenende haben Mila und Amir zusammen 20 Fische gefangen. Mila zählt 4 Fische mehr als Amir in ihrem Netz.

2: Ergebnis durch Addieren der dargestellten Zahlen finden
4: Frage formulieren, Sachaufgaben durch Probieren lösen

AH S. 80

1 Setze die Zeichen richtig ein: + , = , − .

16 ⚪ 9 ⚪ 7   6 ⚪ 4 ⚪ 8 ⚪ 2
7 ⚪ 13 ⚪ 6   20 ⚪ 8 ⚪ 7 ⚪ 5
70 ⚪ 40 ⚪ 30   5 ⚪ 10 ⚪ 2 ⚪ 13
20 ⚪ 70 ⚪ 90   80 ⚪ 80 ⚪ 20 ⚪ 20

2 Setze die Zahlen passend ein. 1 2 3 4 5 6 7 8 9 10

5 + 2 = 4 + 3   ☐ + ☐ + ☐ = ☐ + ☐

☐ − ☐ = ☐ − ☐   ☐ − ☐ − ☐ = ☐ − ☐

☐ + ☐ = ☐ − ☐   ☐ + ☐ − ☐ = ☐ − ☐

☐ − ☐ = ☐ + ☐   ☐ − ☐ + ☐ = ☐ + ☐

Es gibt verschiedene Möglichkeiten.

3 Immer 15.

2 + 7 + 6 = 15

2	7	
9	5	1
	3	8

4	3	8
2		6

2		4
	5	
6		

4

🔺 + 🔺 = 10

7 − 🔺 = 🟥

🟥 + 🟥 = 🟦

🟦 + 🟥 = 🔺

9 − 🟥 = 🔻

🔻 + 1 = 🔴

🔺 + ⬡ = 🔴

🔴 + 🔴 = 🟩

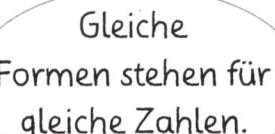

Gleiche Formen stehen für gleiche Zahlen.

🔺	🟥	🟦	🔺	🔴	⬡	🔻	🟩

2: Mehrere Möglichkeiten zulassen und besprechen
3: Magische Quadrate ergänzen
4: Lösungen durch Probieren finden und Vorgehensweise erklären   **AH** S. 80   141

Zahlen vergleichen

15 < 16	16 > 15	15 = 15
15 ist kleiner als 16	16 ist größer als 15	15 ist gleich 15

Vorgänger und Nachfolger

Zahlen (Z) haben einen Vorgänger (V)
und einen Nachfolger (N).

V	Z	N
12	13	13

Addieren

3	+	2	=	5
Summand		Summand		Summe

Subtrahieren

5	–	2	=	3
Minuend		Subtrahend		Differenz

Tauschaufgaben

13 + 7 = 20
7 + 13 = 20
Die Summanden kannst du vertauschen.
Die Summe bleibt gleich.

Umkehraufgaben

13 + 7 = 20
20 – 7 = 13

Addieren und Subtrahieren ohne Zehnerübergang

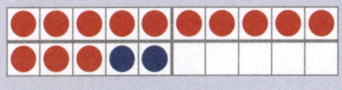

$$13 + 2 = 15$$

weil $3 + 2 = 5$

Die kleine Aufgabe hilft.

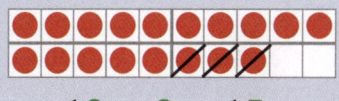

$$18 - 3 = 15$$

weil $8 - 3 = 5$

Addieren und Subtrahieren mit Zehnerübergang

$$7 + 5 = 12$$
$$7 + 3 = 10$$
$$10 + 2 = 12$$

Immer zur 10. Ich zerlege die zweite Zahl.

$$12 - 5 = 7$$
$$12 - 2 = 10$$
$$10 - 3 = 7$$

Geld

Du sprichst: Ein Cent.
Du schreibst: 1 ct.

Du sprichst: Ein Euro.
Du schreibst: 1 €.

Längen

Du sprichst: Ein Zentimeter.
Du schreibst: 1 cm.

Zeit

1 Tag hat 24 Stunden.
1 Tag = 24 Stunden

Es gibt eine Vormittagszeit und eine Nachmittagszeit.

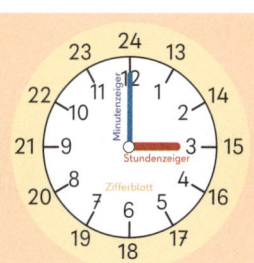

Körper

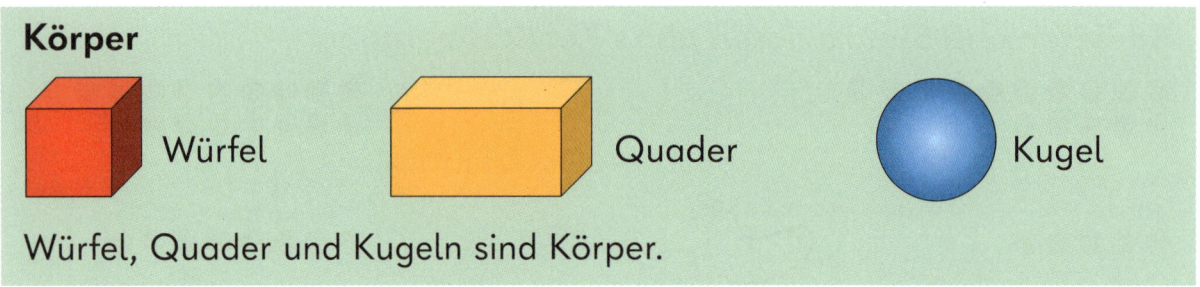

Würfel

Quader

Kugel

Würfel, Quader und Kugeln sind Körper.

Ebene Figuren

Dreiecke

Vierecke

Kreise

Dreiecke, Vierecke und Kreise sind ebene Figuren.

Geraden

Gerade Linien heißen Geraden.
Sie erhalten als Namen einen
kleinen Buchstaben.

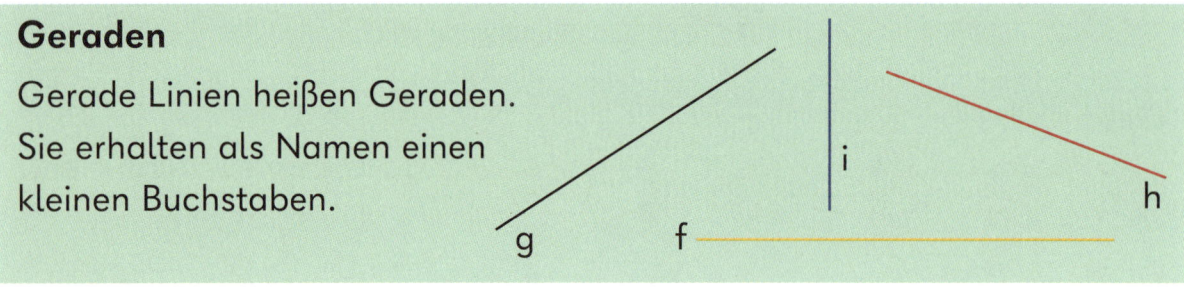

Punkte

Punkte können auf oder neben einer
Geraden liegen. Sie erhalten als Namen
einen großen Buchstaben.

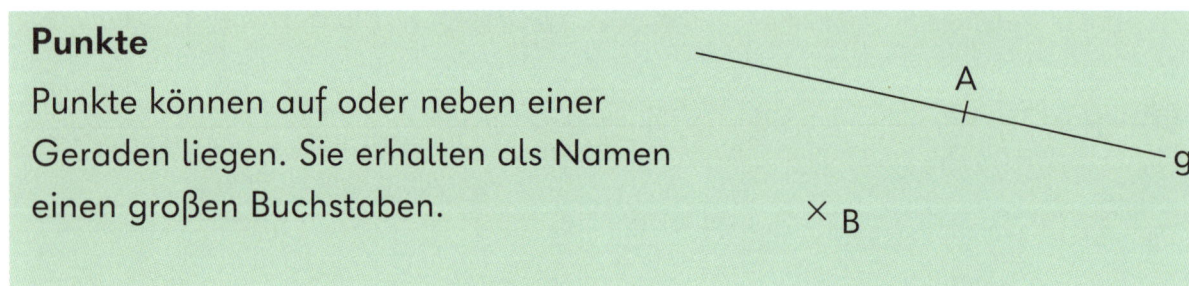

Strecken

Strecken haben einen Anfangspunkt
und einen Endpunkt.
Du schreibst: $\overline{AB}$, $\overline{CD}$, $\overline{EF}$

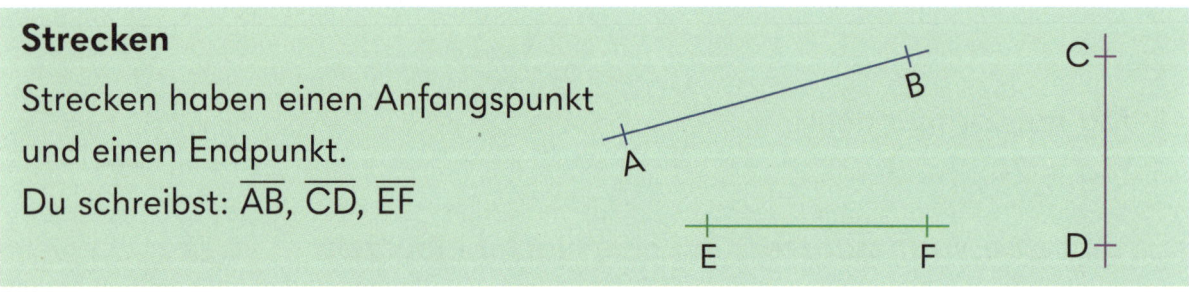